웃픈 여우비

문학고을 수필선 04

웃픈 여우비

초판 1쇄 발행 | 2025년 10월 31일

저 자 | 이만수
펴 낸 곳 | 도서출판 문학고을
펴 낸 이 | 조진희
편 집 자 | 조현민
주소 | 경기도 부천시 오정구 성곡로 16번길 7, 901호
서울사무실 | 서울시 강남구 학동로38길 38 (논현동) 204호
전화 | 02-540-3837
이메일 | narin2115@naver.com
등록 | 제2020-111176호

ISBN 979-11-92635-38-5 03810
정가 15,000원

© 이만수, 2025

* 이 책의 판권은 지은이와 도서출판 문학고을에 있습니다.
* 잘못된 책은 구입처에서 교환해 드립니다.

문학고을수필선 · 04

如月 이만수 수필집

웃픈 여우비

특강
작가를 위한 수필 작법
독자를 위한 수필 감상
한국 수필가의 주요 작품 소개
K-수필(한국수필)의 특징

늦었지만,
나는 이제 겨우 수필의 첫 문장을 써 내려가고 있다

문학고을 문학고을 출판사

| 들어가는 글 |

　서해안 고속도로 하행 방향 충청도 어디쯤, 느닷없이 조갈이 났습니다. 내가 속한 문단의 모임을 마치고 1시간쯤 내달리던 길에 번쩍하고 글감이 떠올랐기 때문입니다. 거침없이 글의 가제목과 주제를 정했고, 첫 문장을 어떤 단어 어떤 어투로 시작할지를 발맘발맘 그렸습니다. 서둘러 메모를 해 놓아야만 했습니다. 좁은 터널을 빠져나와 잊히기 전에……

　참으로 눈치 없고, 염치마저 없는 게 '영감_{靈感}' 인가 봅니다. 글쓰기에는 때와 장소가 없습니다. 느닷없이 쓰고 싶은 마음이 동動하면 그때가 바로 '그때' 고, 넙죽 엉덩이 깔고 앉을 반 평 땅만 있다면 그곳이 바로 '그 장소' 가 됩니다. 돌이켜 생각해 보면, 나에게는 과분하리만큼 많은 때와 장소가 있었고, 또한 그 수만큼 많은 양의 잊어버린 영감이 있었던 것 같습니다.

'죄수가 손톱 끝으로 감방의 벽을 긁는 심정으로 글을 썼다'는 작가 심훈(1901~1936)의 정열에 견줄 바는 아니지만, 사는 동안 묵정밭에 던져두었던 메모들과 지금 나의 생각을 수차례 깎고 다듬어 한 권의 책으로 엮습니다.

여전히 미완의 부끄러운 작품이지만, 그런 나의 글조차 누군가에게 영감靈感을 주고 감성感性과 위트를 살찌울 수 있다면 특히, K-수필(한국 수필)의 질質을 높이는 하나의 소품으로 그 사명을 다할 수 있다면, 그로써 나는 충분히 만족하고 조쌀한 미소 지어 보일 수 있을 것 같습니다.

출간에 도움 주신 [문학고을] 조현민 회장님, 예쁜 캘리 작품 보내주신 '글마루' 박미자 시인님께 깊이 감사드립니다.

[詩 익는 텃밭] '一米七斤' 서재에서……
如月 이만수

| 축시 |

비누 4

조현민

손끝에 미끄러지듯 다가와
살갑게 아침 인사 건네고
엷은 잔향 품은 사위어진 백설기
헌신과 희생만이 존재할 뿐
생의 이력은 없다

한평생 땀과 체취만을 흠모하며
아낌없이 사랑했을 뿐
초췌히 말라가는 수분 빠진 육신
다채색의 향기는 내 삶의 교향곡

세월 속 포말泡沫 토해내도
흐르고 흘러감에 익숙할 뿐

샤워기 물줄기는 내 삶의 동지
베풂과 사랑은 일상의 행복

몽실한 안개꽃에 정신 혼미해도
베풂 속 행복했던 삶의 이력
근육살 빠진 몸뚱어리 하수구 속
고운 눈가루 뿌려지고 있다

청목 조현민
시인
[문학고을] 및 [문학고을 출판사] 회장
시집 [플라워 카페에서] 등 다수

| 포토에세이 |

사진 한 장의 추억

하늘에서 엄마가 보내온 편지

케이크 위에 촛불 한 개만 꽂았다.
제일 실한 놈을 골라 한 개만 꽂아둔 생일상에 여덟 자식 어느 누구도 계정댈 수는 없었겠지. 애옥살림에 자식들 모두 똑같은 저울로 두남둘 수 없었던 시절이었음을 모두에게 이해시키고 싶지는 않지만, 이제는 너희들도 알 수 있는 나이가 되었다고 생각해.

가지 많은 나무에 바람 잘 날 없었다. 여덟 손가락 깨물어 안 아픈 손가락 없었다. 그런 손가락을 오므려 사랑(하트)을 만들어주었는데, 내가 더 이상 해줄 수 있는 게 달리 없어 눈썹달만 치올렸더니 행복한 미소는 잘 보이지 않고 애먼 틀니만 드러나고 말았어.

전주 큰애는 둥글둥글 이목구비며 모착한 체구까지 어쩜 그렇게 나랑 붕어빵인지, 6.25전쟁 엎어 키운 모녀지정母女之情 기억하니? 치맛자락 놓지 않고 떼쓰던 껌딱지 막내는, 너희들 중 가장 늦게 내게로 와, 짧은 인연, 가장 가까이에서 살았다. 손끝 야무진 게 날 닮아서 밑반찬이 참 맛났어!

생각하면 문득 미안한 마음이 드는 건, 못 다 준 사랑이 아직 더러 많이 남아있기 때문일 거야. 망백이 멀지 않은 어느 날, 나의 생일날을 기억해. 치매 없이 너희들 이름 잘 기억하라고 촛불 환하게 밝혀주고, 천진난만한 미소 잃지 말고 구순 상수 이음차게 맞이하라고 빌어준 너희들 덕분에 그럭저럭 잘 살았다. 이만하니 참 다행이다.

딸들아, 아들들아~
반짝반짝 빛나는 아기 별 옆에 두고 너희들 얼굴인 양 바라보다가 하나씩 하나씩 행여 누구 한 명 빠트릴까 마음 졸여 굽은 손가락 꾹꾹 접어가며 보고 싶은 이름 불러 본다. 조금만 가까이 다가와 깨끼발 올려 딛고, 창문 너머 밤하늘 바라보면서 쫑긋 귀 기울여 봐, 잘 들리지?

| 목차 |

4 들어가는 글
6 축시 | 비누 4 _ 조현민
8 포토 에세이 | 하늘에서 엄마가 보내온 편지

제1부 하늘아, 하늘아

16 감자 혹은 감재, 우화羽化를 꿈꾸다
20 뜨개질 조끼
22 깍두기 세상
26 라면 먹을 때면
29 학교 신문 [영서]
33 시장, 꽃. 사춘기
38 이소離巢
45 연천
51 낡은 리어카
57 네, 이병 이만수
63 푸른마을 2단지

66	꽃상여
71	나의 소중한 첫 직장
74	'하늘이'에게서 수필을 배운다
82	〈시〉 너에게 2 – 곁에 선 사랑

제2부 너덜경에 흩뿌린 씨앗처럼

86	드레드레
94	봄 뻐꾸기와 쑥버무리
98	낙엽 위에 서다
102	초가을 단상
105	언어言語 캐기
112	일월의 어떤 종種
117	올공조공 서천별곡舒川別曲
122	비긋는 어느 여름 날
127	오래된 현재의 사랑을 위하여
134	〈시〉 너에게 10 – 사랑의 끝은 꽃, 처음 그랬던 것처럼

제3부 발맘발맘 따라붙고

- 138 　　오감산행五感山行
- 144 　　쇠똥구리 철학
- 148 　　죽방멸치의 유혹
- 153 　　남해, 해를 품다
- 161 　　떵굿떵굿 군산별곡群山別曲
- 167 　　〈시〉 봉선지 물버들길

제4부 진한 소묘로 나를 남겨두고

- 172 　　꽃
- 175 　　태좌
- 180 　　기다림의 미학
- 183 　　性에 대하여
- 188 　　수필, 나를 데생하다
- 192 　　〈시〉 살아 보니 8 – 어데 살만하더이까

제5부 달을 가리키는 손가락 하나

- 196 　　특강(1) : 수필 이론(작가를 위한 수필 작법)
- 196 　　제1강. '수필隨筆'이란?

198	제2강. '잘 쓴 수필' 과 '좋은 수필'
202	제3강. '좋은 수필' 의 요건 10가지 – "정답노트"
204	제4강. 수필 쓰기 4단계 절차
206	제5강. 수필의 구성
210	제6강. 수필의 분류 – 서술 방식에 따라
212	제7강. 수필 쓸 때 하지 말아야 할 것 10가지 – "오답노트"
214	제8강. 수필의 주제, 첫 문장, 제목, 소재
217	제9강. 자전적 수필(기록 수필)
219	제10강. 기행 수필
221	제11강. 묘사의 기술 10가지
223	제12강. 최근 신춘문예 수필의 특징
225	제13강. 주석 – 좋은 말 (순수 한글) 뜻풀이
231	특강(2) : 수필 이론(독자를 위한 수필 감상)
233	특강(3) : 한국 수필가와 주요 작품 소개
237	특강(4) : 'K-수필(한국 수필)' 의 특징
238	〈시〉 가을엔
240	〈낭송시〉 어느 시골 교회와 한 소녀 이야기

제1부

하늘아, 하늘아

'기록 수필(자전적 수필)' 이란?

개인적인 소소한 일상의 경험을

기록하듯 쓴 수필

1. 감자 혹은 감재, 우화羽化를 꿈꾸다
2. 뜨개질 조끼
3. 깍두기 세상
4. 라면 먹을 때면 – [문학고을] 등단
5. 학교 신문 [영서]
6. 시장. 꽃. 사춘기
7. 이소離巢
8. 연천
9. 낡은 리어카 – [한국현대문화포럼] 제4회 대상
10. 네, 이병 이만수
11. 푸른마을 2단지
12. 꽃상여
13. 나의 소중한 첫 직장 – 월간 [샘터] 2023년 12월호 수록
14. '하늘이'에게서 수필을 배운다

〈시〉 너에게 2 (곁에 선 사랑)

감자 혹은 감재, 우화羽化를 꿈꾸다

 살짝 손가락 끝에 힘을 주어 눌러보니 손끝이 쑥하고 빨려 들어간다. 매끈했던 표면이 쭈글쭈글한 화성 표면처럼 돋을새김이 되어 있다. 먹을 수는 없을 것 같고, 그렇다고 그냥 버리기는 좀 아깝다. 얼토당토않는 일이었다. 못난 것이 듬성듬성 뿔이 나와 있었다. 스멀스멀 고약한 냄새까지 나는 듯했다. 아껴둔다는 것이 도리어 못 쓰게 된 꼴이라니, 며칠간 나의 무관심과 돌봄 부족을 탓해 무엇 할까. 어떻게 처리해야 좋을지 잠시 망설였다.

 어릴 적 전라도 위쪽 마을에서는 '감자'를 '감재 혹은 하지마'라고 불렀다. 하지만 나는 붉은 흙냄새 풀풀 나는 그 토속적인 말 대신에 한사코 또박또박 잘게 끊어지는 '감.자'라는 서울말을 사용했다.

 '감자 혹은 감재'

 친구들 사이에서 볼품없고 별반 존재감 없는 녀석을 그렇게 놀렸다. 그랬다. 층층이 물려받아 낡을 대로 낡은 옷에 제조원 없는 싸구려 운동화, 동글동글 조막만 한 얼굴에 울퉁불퉁 고르지 못한 피부, 어느 것 하나 부르주아(유산계급有産階級)티라곤 찾아볼 수 없는 고만고만한 아이였다. 성깔은 또 어떤가. 달다 쓰다 도드라져 유별나지 않고, 맵다 짜다 무섭게 성화 한번 낼 줄 모르는 본디 유하고 슴슴한 감자 같은 맛에 동네 친구들로부터 무시로 무시당하기 일쑤였다.

제풀에 토라진 날이 있었다. 감자에 제대로 뿔이 난 꼴이라니! 쌩하니 집으로 돌아와 버렸다. 잔약한 성격에 무슨 용기로 그리했는지 무슨 까닭에 그리했는지 기억나지 않을 만큼 오래전 일이지만, 그날 남겨진 친구들은 골키퍼 없이 흐지부지 축구를 끝냈을 것이고, 술래 없는 술래잡기 놀이를 해름참도 되기 전에 이례적으로 일찌감치 갈무리했을 것이다. 어머니는 '계집아이라면 몰라도, 사내는 모름지기 다부져야 한다.'며 툭툭! 어깨를 토닥여주었다. 형제들은, 형과 누나들은 그런 모습을 뜯어진 창호지 틈 사이로 훔쳐보면서 마치 일기장에 꾹! 일제히 빨간 도장 남발하는 초등 선생님처럼 '참 잘했어요!' 하고는 자기들끼리 희희낙락喜喜樂樂 한 바탕 웃어넘겼을 것이다.

감자는 추운 겨울 벼룩잠에 구공탄 구멍 맞추느라 눈물 꽤나 흘렸을 지극히 서민적인 작물이 아닐 수 없다. 어머니는 재래시장이 파할 때쯤, 으레 깨어지고 싹 난 감자가 소쿠리에 남아있기를 기다려 은근슬쩍 떨이로 사 오시곤 했다. 애옥살림에 깔밋하고 반듯한 것은 그마저도 지위가 높아 함부로 바라보기 버거운 시절이었다.

양은 냄비에 삶아 서너 개 주워 먹으면 한 끼 군입정 거리가 되었다. 두껍게 잘라 기름에 바삭하게 튀기면 휴일 요깃

거리가 되기도 했다. 가늘게 채를 썰어 밀가루에 얇게 부치면 명절날 친척들 술안주가 되었고, 조금 특별한 날에는 하다못해 밑반찬으로라도 손색이 없었다.

참감자라고 하는 고구마처럼 정열적으로 달지 않은 터수에 쓰임새 하나만큼은 그나마 많아, 시렁 위 소쿠리에 고봉밥처럼 수북하게 담겨 시끌벅적 살았다. 알이 크고 작은 감자 닮은 여덟 형제들로 늘 왁자지껄한 소쿠리였다. 대나무 살 삐져나와 금방이라도 뚝! 하고 부러질 것만 같은 낡은 집. 하지만 그곳은 겨울 철새, 검은 옷 덕지덕지 걸쳐 입은 가마우지 한 무리가 한 시절 머물다 떠난 둥지처럼 담양 했고, 성근 나뭇가지 사이로 빗물 들고 찬바람 새어 들어올 만큼 엉성할망정 아늑하였고, 그래서 시린 그리움으로 남았다.

토라지지 않을 만큼 티격태격 작은 싸움을 하기도 했다. 부스럭부스럭 과자봉지 주둥이에 손톱 끝 까맣게 때 낀 손 서로 먼저 욱여넣으면서 까르르 웃기도 했다. 가끔은 둥지 밖 세상이 어떤 곳인지 궁금해서 한 발 살짝 내딛는다는 것이 그만 시렁 아래로 떨어지기라도 할라치면, 어느새 알아챈 어머니가 세상 가장 크고 부드러운 손을 쭉 내어뻗어 제자리로 올려놓기도 했다. 그렇게 누나와 여동생, 형 그리고 나의 어릴 적 한때는 지나갔다.

뿔난 감자를 통으로 땅에 묻는다. 물컹물컹 고약한 냄새가 나건 말건 그냥 그 채로 흙 속에 파묻는다. 땅이, 대지가, 자연이 스스로 치유하고 키워내는 생명의 힘을 생각한다.

번데기가 우화羽化해 나비로 다시 태어나듯, 제아무리 우유부단한 사람일망정 뽈이 나면 힘껏 내지르는 한목소리는 있다. 제 스스로 썩은 흠결을 도려내고, 어디서도 환영받지 못하는 뽈 같은 싹을 어루만지고 거두어들여 신선한 눈엽嫩葉으로 새롭게 탈바꿈할 만큼의 잡도리는 저도 나도 가지고 있다. 나는 믿는다, 내 안에 존재하는 감자 혹은 감재의 지극히 작고 못난 그러면서도 세상 가장 위대한 생존의 힘을.

가족여행 2016년 6월 5일 전주

뜨개질 조끼

　코바늘에 뜨개용 실을 감고 떠줄 코의 머리에 바늘을 넣는다. 일명 '한길 긴뜨기'를 하는 손놀림이 제법 빠르다. 손끝이 맵다고 해야 할지, 눈썰미가 좋다고 해야 할지 잘 모르겠지만, 아무튼 실과 시간 나이 지긋한 선생님의 간단한 시범을 솜씨 좋게 따라 하는 Y의 뒷모습이 내 누나를 닮아있다. 웅숭깊은 성격만큼이나 넓은 등판이 나이 어린 동생들을 두남두는 착한 누나의 그것처럼 무척이나 따뜻하게 느껴진다.

　70년대 6학년 초등 교실 풍경은 그랬다. 사내아이들은 장도리로 나무에 못을 박았다 빼거나, 얇은 합판을 톱으로 자르는 등 그 당시 실생활에 필요한 거칠고 강한 일을 배운 반면에, 계집아이들은 형형색색 고운 실로 비교적 간단한 목도리 같은 것을 짰다. 대체로 손방인 아이들은 그 정도에서 멈췄지만, Y처럼 잔재비가 있는 아이들은 조끼 같은 난도 높은 것을 만들기도 했다. 남녀의 구별된 역할이 교실 안팎에서 당연한 것처럼 여겨졌던 시절에, '남녀 평등' 같은 어려운 말 자체가 생경한 사춘기를 보낸 우리는 교정 한쪽 양지바른 곳에 다소곳하게 핀 키 작은 채송화처럼, 그저 그렇게 순박하고 아름다웠다.

4등분으로 접힌 회색 조끼가 두툼하다. 내민 손등이 우유 빛이다. '곧 닥칠 추위에 요긴하겠다.' 라고 생각하는 순간, 스스럽게 내민 Y의 손끝의 작은 떨림이 보였다. 발그레한 얼굴, 여짓거리는 입술에 살짝 내비치는 미소가 열적다.

집에서 막둥이로 자란 내 작은 체격을 걸리버 여행기 동화 속 거인국 어린이의 그것쯤으로 본 것인지, 아니면 정성껏 만든 것이니 소중하게 두고두고 오래 잘 입으라는 당부인지 확실히 알 수는 없지만, X-large 사이즈쯤 되는 커다란 그 조끼를 졸업 후 중학교 3년 내내 입고도 남아 고등학교 1~2학년 때까지 계속 입었으니, 변변한 옷가지 하나 없던 시절에 다소 귀꿈맞을망정 요긴하게 쓰인 셈이었다.

하지만, 무던히도 긴 세월 나를 따듯하게 감싸준 뭉근한 우정이 아닐 수 없다. 결코 척척한 사이는 아니라고 여겼었는데, 어쩌면 그 뜨개질 조끼가 Y에게 있어서 만큼은 특별한 무엇이 아니었을까 하는 생각을 해 본다. 지금은 온데간데없이 사라져 행방불명이 된 그 조끼의 안위가 궁금하다. 걱실걱실하지 못해 습벅습벅하기만 하면서 그때 미처 해주지 못한 오사바사한 말을 지금이라도 해줘야겠다.

"얘, 발라맞춰 하는 말은 아닌데, 그 조끼 듬쑥하니 맨드리가 잘 나더라. 잘 입었어. 고마워"

깍두기 세상

　우리들 중 공을 제일 못 차는 친구가 늘 골키퍼 장갑을 꼈다. 발재간 없고, 발도 느리고, 머리까지 쓸 줄 모르는, 무엇보다 11명 축구 규칙을 준수해야 하는 까닭에 어쩔 수 없이 끼워 넣을 수밖에 없는 깍두기. 그랬다 골키퍼는 늘 깍두기이었다.

　나는 비니시우스 주니오르, 이강인만큼은 아니지만 발재간도 제법 있었고, 박지성, 양민혁 만큼은 아니지만 발도 빠른 편에 속했고, 머리는 비어호프 클로제, 최순호 아니면 김민재…… 어쨌거나 날아오는 공에 이마를 맞추기는 했으니, 골키퍼 아니 깍두기는 면할 수 있을 정도의 선수(?) 이었다.

　친구들은 나를 주로 레프트 윙에 세웠는데, 그것은 전적으로 내가 친구들 중 달리기를 제일 잘해서라기보다는 센터링을 적시에 올려줄 줄 아는 축구 센스를 가졌기 때문이었다. '어디로 날아가 떨어지던 보내긴 보낸다!' 는 배달의 민족정신. 그리고 오른발잡이라는 점도 한몫(!)을 했다. 그 이야기는 친구들 대부분이 고만고만한 빠르기였고, 내가 왼발로는 슈팅을 전혀 날릴 줄 모르는 잼뱅이라는 씁쓸한 뜻이기도 하다. 손흥민 선수가 EPL에서 뛰어난 활약을 펼치고 있는 이유 중의 하나가 순간 스피드가 빠르고 특히 '양발잡이'라는 점을 생각하면, 나에게 레프트 윙이라는 주전 자리도 감지덕지한 보직이 아닐 수 없다.

 어느 날 느닷없이 깍두기 신세가 되고 말았다. 늘 골키퍼 역할을 도맡아 하던 친구가 엄마 심부름으로 급하게 호출을 받아 집으로 돌아가는 바람에 어쩔 수 없이 누군가는 그 역할을 대신해야 했는데, 모두가 하나같이 깍두기는 하기 싫어하는 눈치였다. 그런 어처구니없는 상황에 처했을 때를 대비하여 조상들이 만들어 놓은 편리하고 강력한 해결책이 있었으니, 그것이 바로 가위바위보다.

 결국 내가 골키퍼 장갑을 집어 들게 되었다. '왼발만 잼뱅이가 아니라 그것마저도 잼뱅이이었다니!' 축구에서 공격수 자리 중 하나인 레프트 윙은 무엇보다 빠르기가 생명이다. 그런 내가 바라보는 운동장과 흘근거리는 느림보 거북이, 한낱 깍두기에 불과한 골키퍼가 바라보는 그것은 전혀 다른 세상임을 나는 그때 처음으로 알게 되었다.

 레프트 윙인 나는 늘 바빴고, 90분이 모자랐다. 복닥거리는 페널티 에어리어에서 나를 뚫어져라 응시하고 있는 친구들의 소리 없는 아우성에, 한시라도 빨리 그들 중 최선의 누군가를 선택해야 했고 정확하게 패스를 해 주어야만 한다는 강박관념이 늘 마음을 급하게 만들었다. 수묵화 속 한쪽 여백처럼 넓게 탁 트인 빈 공간을 쳐다볼 여유를 조금도 가질 수 없었다. 지금 이 순간이 패스를 해야 할 타이밍인지, 아니면 호기롭게 공을 몰고 적진 안으로 파고 들어가야 할 골 찬스인지 제대로 판단을 할 수가 없었다.

골대 앞은 우리 편 공격수와 상대편 수비수가 늘 한데 엉켜 바글대기 마련이다. 머릿속으로는 그 사실을 빤히 알면서도 정작 공을 잡으면 그런 아수라 세상 속 가장 깊숙한 곳으로만 파고들고, 허우적허우적 빈손짓만 연거푸 일삼다 제 풀에 꼬꾸라져 빼앗기기를 밥 먹듯이 했다. 애당초 느긋한 마음이라곤 찾아볼 수 없고, 그나마 조금 생길라치면 '여기, 여기!' 하는 친구의 말 한마디에 온데간데없이 사라지기 일쑤였다.

서둘러 처리한 공이 데굴데굴 굴러가 상대편 발밑에 안착하고 만다. 몸과 마음이 따로 놀아 헛발질을 한 탓인데, 그럼에도 불구하고 뒤돌아서 고작 내뱉는 말이 '우리 팀은 수비가 약해서 내가 공격을 제대로 할 수가 없어, 뒤가 불안하니 공격이 제대로 되겠어!' 이었으니……

하지만, 골키퍼가 바라보는 운동장은 달랐다. 내 편이 우르르 상대편 진영에 모여 한창 공격을 주도하고 있을 때에는 눈앞에 텅빈 운동장이 마치 드넓게 펼쳐진 모래사장처럼 한가로워 보였다. 여유롭게 골대에 살짝 몸을 기댄 채 팔짱을 끼고 불난 집 불구경하듯 바라볼 수도 있어 좋았다. 레프트 윙의 삶으로서는 상상조차 할 수 없는 호사가 아니던가? '나는 90분 내내 뛰어다니기 바빴는데, 그동안 이렇게 놀면서 거저먹기 식으로 경기를 했다니!' 억울한 생각도 잠시뿐 한눈에 운동장이, 단박에 세상이 보이기 시작했다.

한 발 물러서 바라보면, 나를 제외한 21명 모두의 움직임 하나하나를 적나라하게 알아챌 수 있다. 지금 어디가 빈 공간인지, 어디로 공을 보내주어야 골 찬스가 생길 수 있는지, 누가 오늘 컨디션이 좋은지 혹은 나쁜지, 하다못해 운동장 바닥면이 어디가 고른지 혹은 튀어나와 울퉁불퉁한 상태인지까지 훤히 파악할 수 있다. '역시 바둑이든 축구든 훈수가 고수야!'라고 코웃음을 치면서……

 가끔은 골키퍼 노릇을 해 보는 것도 필요한 것 같다. 아니 자청해서라도 골키퍼가 되어보는 것도, 얼렁수를 부려 가위바위보에 스스로 져 보는 것도 좋을 것 같다. 비록 늘 뛰댕기기 바쁜 레프트 윙 같은 하루하루를 살아가고 있지만, 여유롭게 팔짱을 끼고 호기롭게 골포스트에 몸을 기댄 채 세상을 관망할 수 있는 깍두기가 한 번쯤 되어보는 것도 괜찮지 않을까?

라면 먹을 때면

　나보다 세 살 많은 형은 초등 시절 선수였다. 아마 내 기억이 맞는다면 고등학교 2학년 때까지 축구공을 만졌던 것 같다. 김주성 선수처럼 길게 기른 머리카락을 노랗게 물들였기 때문에 동네 껄렁껄렁한 큰 형들로부터 매번 꿀밤을 맞고 돌아오기 일쑤였지만, 달릴 때 휘날리는 노란 머릿결은 내 눈에도 멋있어 보였고 아마 형도 그 맛에 꿀밤 몇 대쯤은 감수했던 것 같다.

　그 무렵 어머니는 시장 한구석에서 좌판을 벌여 한여름에는 토마토, 가을에는 집에서 가까운 남의 밭에서 사 온 퍼런 배추를 이고 와 벌여놓고 동네 사람들에게 파셨다. 그래서 늘상 밖에 나가야 하는 시간이 많았던 어머니는 휴일인 오늘도 라면 두 봉지 부엌에 두고 장에 나가셨다. 점심을 형과 나, 어린 둘이 해결해야 했다. 마땅히 요리를 할 줄 모르는 어린 나이였지만, 그보다도 실은 변변한 식재료가 없는 초라한 부엌이었다.

　형이 능숙하게 라면을 끓인다. 달랑 라면 두 봉지를 누런 양은 냄비에 탈탈 털어 넣고 팔팔 끓이기 시작하면 배고픈 나랑 형은 꼴깍꼴깍 고인 침을 연신 삼킨다. 김치 한 접시 꺼내 놓고 먹는 라면. 그것으로 어린 두 형제가 차릴 수 있는 최선의 성찬盛饌이 준비되었다.

"너는 시원한 방에서 공부만 하니까 힘 안 들지? 형은 운동장 뛰댕겨야 하니까 힘도 많이 들고…… 차범근 선수처럼 유니폼 뒤에 11번 번호 달고 국가대표가 돼서 월드컵 대회도 나가고 독일까지 가 출세해서 돈 많이 벌려면 잘 먹어야 하니까……"

말이 끝나기가 무섭게 형의 젓가락이 공을 몰고 운동장 내달리던 그 발보다 더 빨리 냄비 속을 휘젓는다. 주르륵 딸려와 후루룩 형의 목구멍으로 들어가는 무정한 라면 가닥에 내 시선이 꽂힌다. 나는 그런 형 때문에 라면 건더기 다 뺏기고 몇 분 뒤 텅빈 냄비 속 빨-간 국물에 아침에 남긴 찬 보리밥 한 덩어리 넙죽 말아 먹고 공부할 가방을 챙긴다.

그랬던 형은 어쨌거나 곧잘 축구를 잘해서 고등학교 시절에는 서울시 대표로 잠깐 큰 시합에 나가기도 했다. 우리 가족은 그런 형을 응원했지만 이런저런 이유로, 형은 어릴 적 너무 가난해서 못 먹고 운동하는 바람에 키가 안 자라 어쩔 수 없이 선수 생활을 그만두었다고 나이 들어 같이 술 마실 때면 가끔 농담 반 진담 반 얘기하곤 하지만, 내가 알지 못하는 다른 어떤 이유로 형은 축구선수 생활을 그만 두었고, 맨날 뛰 댕긴다고 배운 게 없으니 밥벌이해서 먹고살려면 우리나라에서는 기술이 최고라고 귀가 닳도록 신신 당부하시는 아버지의 말씀을 따라 전기 기술을 배웠다.

나는 지금 몇 년 전 연달아 돌아가신 아버지, 어머니가 살던 집, 지금은 그 형이 사는 집에 놀러와 있다. 멀지 않은 곳에 있는 산소에 들러 헌화를 하고, 어머니 아버지 나란히 서

계신 동판이 박힌 비석 위에 묻은 먼지를 수건으로 닦고 돌아오는 길이다. 소복이 쌓인 먼지……

　점심 식사로 간단히 라면을 끓인다. 계란도 톡 떨어뜨려 부족한 영양 보충도 하고, 굵은 대파 듬성듬성 썰어 넣어 향긋한 파향이 우러난 라면을 둘이서 나눠 먹는다. 젓가락 부딪치며 차범근 선수처럼 독일 가 돈 많이 벌어 와 맛있는 것 많이 사 주겠다는 뻥도 이제는 치지 못하는 형이 먼저 내 접시에 라면 한 젓가락 건져준다. 향긋한 매운 내…… 코끝을 파고드는 옛 추억의 라면 맛이 따뜻한 햇살 드리운 거실 장판 위에 살며시 스며들고 있다.

　가난 때문에 하고자 했던 꿈을 포기하고 원치 않게 다른 일을 하면서 살아온 사람이 어디 한둘일까 만은 분명 큰 아픔이고 안타까움일 수밖에 없다. 하지만 나이 들어 돌이켜 보는 그런 과거도 하나의 추억거리가 되어 조촐한 라면 식사처럼 곁에 있어 미소 지을 수 있다면 행복하다고 말해도 되지 않을까.

[문학고을] 수필 등단작

학교 신문 [영서]

살짝 서운한 감이 들었다. 초등학교를 졸업하고 바로 옆 중학교가 아닌 조금 떨어진 곳으로 배정이 되었다는 통지서를 처음 받았을 때였다. '가까운 곳 놔두고 왜 하필 새로 생긴 학교로 가야 하나!' 세 살 터울인 형이 집 옆 중학교에 이미 다니고 있었기 때문에 교복을 물려줄 수 있었는데 하는 어머니의 아쉬움을 뒤로하고 나는 서둘러 등교를 했다.

여기저기 마무리가 덜 된 공사의 흔적들이 눈에 들어왔다. 쓰다 남은 목재와 벽돌들이 학교 뒤편 구석진 곳에 쌓여있었고, 울타리 주변은 조경은 고사하고 담장조차 아직 끝까지 이어져 있지 않은 상태였다. 새 학기에 맞춰 서둘러 개교를 한 티가 여기저기서 묻어났다.

나는 초등 6년을 우등생으로, 그것도 마지막 졸업고사 수석이라는 영예를 달고 올라온 탓에, 그리고 무엇보다 전국 글짓기 대회에서 여러 차례 입상을 했다는 남다른 스펙 덕분에 선생님, 특히 처음 교직에 몸담아 국어 과목을 가르치기 시작한 새내기 젊은 담임선생님으로부터 일찌감치 총애를 받았다.

선생님은 나에게 이런저런 심부름을 시키셨고, 가끔 학교 수업 시간 외에 따로 불러 좋은 글을 읽어 주시면서 작가에 대한, 시인에 대한, 책에 대한 이런저런 얘기를 해 주셨다. 그러던 어느 날 선생님께서 학교신문을 함께 만들어보자는 제안을 하셨고 나는 주저 없이 흔쾌히 수락을 했다. 실은 나에게 선택권이나 거부권이 있던 게 아니었기 때문에, 내가 좋아하는 선생님이 하자고 하니까 그대로 따라 했다. 그렇게 얼떨결에 학교 신문사 기자 역할을 맡게 된 나는 그때부터 부쩍 바빠지기 시작했다.

까만 잉크가 가득 담긴 등사기로 일일이 글자판을 찍어내는 일은 거의 노동에 가까웠다. 학교 수업이 끝나면 나처럼 신문기자가 된 다른 친구들이 삼삼오오 하나둘씩 별도의 교실로 모여들었고, 우리는 각자 분담한 일들을 하나씩 해 나갔다. 나는 주로 글을 썼다. 어느 날은 간단한 내용의 수필隨筆을, 가끔 봄바람이 불어 예쁜 꽃이 피거나 가을 낙엽이 교정에 한 잎 두 잎 떨어지는 날에는 어김없이 시詩를 썼다.

이렇게 해서 만들어진 학교 신문 [영서]의 창간호가 모든 학생들과 선생님들 앞에 선을 보였다. 누런 갱지의 맨 앞장에는 큼지막한 크기로 학교에서 제일 어른인 교장선생님의 얼굴 사진과 훈화 말씀을, 그다음 장부터는 중간고사 성적 우수자 100명의 명단을 이음지게 늘어놓았다. 나중에 들은 얘기지만, 더러는 이곳에 이름 석 자 올리고 싶은 욕심에 더 열심히 공부를 했다는 친구도 있었지만, 그런 것까지 학교 신문에 올려서 대놓고 공개적으로 사람 망신을 주느냐고 비아냥거리는 친구들도 있었다.

[영서] 신문에 어떤 내용을 올리느냐 하는 것은 전적으로 학교장의 재량이었기 때문에 내가 뭐라 할 입장은 아니었지만, 그도 그럴 만했겠다는 생각을 해 본다. 100등 안에도 못 드는 아이들에게 이 [영서]가 참 많이 부담스럽지 않았을까?

중간쯤부터 맨 뒷부분까지는 각종 글들로 풍성하게 가득 채웠다. 어느 날엔 내가 쓴 수필을 올리기도 했고, 어느 날엔 다른 친구의 수필을, 또 어느 날에는 여러 친구들의 예쁜 시를 알알이 포도송이처럼 박아놓기도 했다. 그랬던 친구들 중 누군가는 일찍이 등단을 하여 소설가가 되어있고, 또 누군가는 꽤나 유명한 여류 광고 카피라이터로 활동을 하고 있다.

나는 무엇보다 이 뒷부분이 제일 마음에 들었고, 중학교 3년 재학하는 내내 한 번도 거르지 않고 학교 신문 [영서]를 차곡차곡 모아 두었다. 나중에, 졸업 후 나이가 들어 다시 읽어본다면 좋은 추억거리가 되겠다는 생각을 아마도 했으리라. 하지만, 안타깝게도 지금은 한 장도 가지고 있지 않다. 이런저런 사정으로 여러 차례 이사를 하면서, 특히 큰 홍수로 도랑이 범람하는 일을 겪는 바람에 모조리 분실했기 때문이다.

선생님의 도움을 받아 가며 학교 신문 [영서]를 여러 친구들과 함께 만들면서 나는 한 발 한 발 문학에 조금 더 가까이 다가설 수 있었다. 작가에 대한 꿈을 조금씩 더 구체적으로 가질 수 있었다. 대학에 가서 국문학을 전공하고 시와 수필, 가능하다면 소설도 써 보고 싶다는 생각을 했다.

하지만 꿈과 현실은 조금 다를 수도 있다는 것을 그때는 미처 몰랐다.

이런저런 이유로 문학의 꿈을 접고 경제학을 공부해 제조회사에 취직을 한 나는 반백이 훌쩍 넘은 나이에 늦깎이로 문단에 이름을 올렸다. 그때처럼 영롱한 달빛 아래 매화 향기 옷깃에 묻히는 감성에 흠뻑 빠져 한 편의 시詩를 쓰고, 내 보잘것없는 일상의 소박한 이야기 속에서 진주처럼 빛나는 아름다움을 찾아내 한 줄 습습한 수필隨筆을 쓸 수 있는 마음을 아직도 간직하면서 살고 있다는 게 얼마나 감사한 일인지……

어릴 적 그 열정만큼은 아닐지라도 있는 힘껏 정성을 다해 글을 써 봐야겠다는 생각에 책상 한구석 덩그러니 놓여 있는 필통 속 무뎌진 연필심을 다듬는다.

시장, 꽃. 사춘기

나 보기가 역겨워
가실 때에는
말없이 고이 보내 드리오리다.
영변에 약산
진달래꽃
아름 따다 가실 길에 뿌리오리다.

'드르륵' 교실 문을 열고 들어서자마자, 익숙한 친구의 목소리가 전파를 타고 은은하게 흘러나왔다. 이른 아침 조곤조곤 나지막한 톤으로 김소월 시인의 '진달래꽃'을 읽어주는 방송반 친구의 음성이 포근하다. 어제는 도종환 시인의 '접시꽃 당신'을 읽어주더니, 아니 온 듯 짧게 훅! 스치고 지나간 봄이 아쉽긴 아쉬운가 보다. 봄 꽃잎이 지고 없는 교정은 온통 푸른 단색이다. 장미꽃이 피기엔 아직 이른 때. 나이 어린 수목이 뜨거운 열대우림을 향하여 달음박질을 하고 있는 것 같아 조금은 숨이 막힌다. 웬일들 아니, 지난 며칠 동안 그 아이의 계속되는 꽃 타령이 궁상맞다거나 지지하게 느껴지지 않는다. 왜일까?

다음 날, 평소보다 조금 일찍 서둘러 등굣길에 나섰다. 갓 밝이 도심 속 재래시장으로 이어지는 등굣길은 늘 시끌벅적 요란한 전쟁터와 같다. 그 한복판을 나는 걷는다. 오늘도 예고 없이 작은 포탄 여러 발이 장마철 굵은 빗방울 떨어지듯 쏟아지고 만다. 나처럼 또바기 길을 걷는 아이들은 모두 무방비 상태 그대로 처참한 전쟁의 고통을 적나라하게 경험해 버린다.

"어휴!"
먼지 쌓인 리어카의 두꺼운 옷을 벗어던지는 옆집 아저씨의 육십 년 케케묵은 한숨소리다. 무겁게 내리깔린 장터의 아침을 세상 누구보다 가장 먼저 열어 재끼는 소리가, 어린 내가 듣기에도 무척이나 버거워 보인다.

"차르르 철커덕!"
차갑게 가래 끓는 소리가 난다. 연이어 "휴~!"하는 숨비소리가 멋쩍다. 군데군데 녹슨 약국 철문 셔터를 들어 올리는, 일명 '셔터맨' 아저씨의 영혼 없는 외마디가 멋멋한 그 영혼만큼이나 싱겁게 느껴진다. 내 보기에는 세상 가장 한가하면서도 풍요로운 사람 중의 한 명인데, 그런 사람에게 조차 힘겨운 일이 있는가 싶다. 아까부터 자울자울 졸다가 힐끗 한번 째려보고 사라진 길고양이의 서슬 퍼런 눈매가 나를 닮았다.

"쾅!"
묵직한 사과 상자 한 개가 떨어진 줄 모른 채, 서둘러 트럭 운전석에 key를 꽂는 젊은 사과 장수를 향하여 '어이!' 하고 소리치는 과일가게 늙은 아주머니의 쉰 목소리에, 동그랗게 두 눈을 치켜뜨는 생선가게 아저씨의 무덤덤한 표정. 열린 수조 문을 은밀하게 빠져나오려고 발버둥 치는 암꽃게의 뾰족한 집게 발가락. 그 순간, 여전히 표정 없는 얼굴로 바리작거리는 꽃게의 다리를 향해 내리닫히는 문짝 소리가 감때사납다. 놀란 새끼발가락 한 개가 속절없이 '툭!' 떨어져 젖은 땅바닥에 나뒹군다. 걸으면서 나는 '불쌍타!' 생각하다가 종내 옴나위없이 입맛을 다시고 말았다. '얼마나 맛있을까?'

 화려한 도심 속, 샐녘 재래시장의 그늘진 새벽은 늘 이렇듯 크고 작은 아픔들로 시작한다. '어휴, 차르르 철커덕, 휴~, 쾅, 어이, 툭' 저마다 내지르는 소리의 음계는 달라도, 아침 국밥 토렴해 내듯 더불어 살면서 공유하는 체감온도는 비슷하다. 연거푸 '꼬르륵~!' 하고 울어대는 배꼽시계 소리도 그중 하나다.

 등굣길 발걸음을 재촉해 빨리 걸으면 걸을수록 눈치도 없이 더욱더 활짝 열리는 귀. 한 번 들리면 들릴수록 더욱더 재게 들려오는 그 소리에, 내 생에 대한 하나의 물음표를 던지고, 그 물음표에 느낌표를 더하면서 꼬리에 꼬리를 무는 감정에 파묻혀 지내온 사춘기. 허름한 나의 집과 학교 건물 사이, 고작 몇 백 미터도 안 되는 짧고 폭 좁은 시장 골목길을 발가락 잘린 꽃게처럼 절뚝거리며 걸어온 어린 시절이 아닐 수 없다.

 얼기설기 엉킨 그물망에 여전히 감금된 채 바동거리는 꽃게 한 마리가 눈에 밟힌다. 한바탕 뚫고 지나온 아수라장 판에 갈팡질팡 방향을 잃은 햇병아리들로 가득한 학교. 그 속에서 나만이 유독 독야청청 멀쩡할 수는 없다. 사람은 환경에 영향을 받을 수밖에 없는 나약한 존재이기 때문이다. 왼팔에 선명한 피폭 자국, 오른쪽 발바닥에 즈려밟은* 발목 지뢰 터진 흉터가 볼썽사납다. 하지만 어쨌거나 성한 오른팔과 깽깽이 발일망정 구사일생 살아남아 등교를 하긴 했으니, 대견하다 해야 할지, 측은타 해야 할지……

잡풀 우거진 묵정밭에서 꽃나무 한 그루가 온전히 살아남기 위해서는, 잔가지 끝에 날카로운 가시 하나쯤 달고 있어야 하는 것이었을까? 쓸어내린 어린 나의 가슴 어딘가에서 질긴 환삼덩굴 한 줄기가 옹골차게 잡히곤 했다. 그것의 정체가 시詩일 수도, 수필隨筆일 수도, 어쩌면 또 다른 형태의 오사바사한 그 무엇이었을 수도 있지만 나는 여전히 알지 못한다.

작은 꽃 한 송이마저 제대로 피어 내기 어려운 척박한 대지에서, 작은 잎사귀마다 푸른빛을 발산하고 그 위에 훈장처럼 꽃잎 한 장씩 철퍼덕 얹어 놓기까지가 내겐 무척이나 힘겨운 사명使命이었음을 고백한다. 여리고 가냘픈 꽃일수록 생육 환경에 강하다. 누구보다 곱절의 노력으로 꼿꼿이 살아남아야 함을 본능적으로 알기 때문이다. 태생적 약골에 빈약한 영양 섭취까지 더한 몸뚱어리일망정 살아야 할 가치가 있는, 그만큼 아름다운 세상임을 사는 동안 부지불식간에 알아버렸기 때문일 것이다.

오늘 나는 다른 누구보다도 일찍 아침이슬 반짝이는 학교 철문을 밀고 안으로 들어간다. '드르륵!' 교실 미닫이문 열

---

* 즈려밟고: '지르밟고'의 비표준어. 김소월의 '진달래꽃' 시에서 인용함.

리는 소리가 오늘따라 유난히 가볍다. 모서리 한쪽에 제비집처럼 둥지를 튼 네모난 스피커가 아직 꽃잠에서 빠져나오지 못하고 있다. 잠시 후면 내가 지나온 그 시장 길을 나처럼 어렵사리 빠져나온 그 친구의 목소리가 들려올 것이다. 그 아이가 우리 모두에게, 아니 나에게 특별히 들려줄 오늘의 이야기가, 그 아이만의 꽃 타령 제목이 성급히 궁금한 아침이다.

"무슨 책 읽고 있어? 내일은 무슨 이야기 들려줄까? 듣고 싶은 거 있어?"

어제저녁 방과 후 복습을 끝내고 제일 늦게 하교하면서 깜빡하고 열어 두었던 교실 창문 틈 사이로, 따뜻한 명주바람을 타고 스며들어오는 익숙한 귓속말. 점심시간이 끝나갈 무렵, 책(한하운 시인의 '전라도 길'이라는 시)을 읽고 있는 나에게 부러 찾아와 해사한 미소를 지으며 고운 목소리로 조곤조곤 들려주었던 그 작은 속삭임이 좁은 창문 틈 사이로 밤새 빠져나가지나 않았을까 내심 얼마나 발바씸이 났었는지……

슬그머니 손 내밀어 창문을 닫는다. 살포시 햇귀가 때 낀 손등 위에 얹힌다. 서둘러 걷어 들이는 나의 손가락 끝에 가느다란 떨림으로 전해져 오는 작은 목소리.

"안녕하세요. 오늘은 유인진 님의 '지란지교를 꿈꾸며'라는 수필을 들려드리겠습니다. 아, 혹시 꽃 이야기가 아니라 실망한 친구가 있을까요? 실망하지 마세요. 우리에겐 내일이 또 있으니까. 호호"

이소離巢

 이소離巢를 꿈꾼 소년이 있었다. 어두운 다락을 벗어나 별빛 반짝이는 창공을 향해 숨겨둔 날개 근육이 뻐근하도록 활짝 펴고 마음껏 날아가는 꿈. 그때의 꿈이 이름을 바꿔 버킷리스트로 탈바꿈 했으니……

 하나 둘, 세 번째쯤에 '다락방 살기'가 있다. 마지막 열 번째에 세 번째 것을 유비類比한 '다락방에서 FM 라디오 듣기'가 있다. 일찌감치 정해놓고 물론 진즉에 시작은 했지만 언제 끝날지, 제대로 다 끝낼 수나 있을지 장담할 수는 없다. 오지奧地 아닌 오지 같은 시골에 터를 잡은 지 벌써 3년째. 라디오를 켜면 찌지 직! 생쥐 소리만 요란하게 나오니, 적어도 마지막 소원은 참으로 요원하기 짝이 없다.

 어릴 적, 정확히 말하면 초중등학교 시절에 살았던 도시 외곽의 단독 주택에는 다락방이 하나 있었다. 다락이라고 해봐야 안방 천장에 겨우 한 사람 드나들 수 있을 정도의 쥐구멍만 한 통로를 내고(실제로 그곳엔 밤마다 생쥐가 수시로 드나들었다), 아버지의 건설 현장에서 합판 쪼가리 몇 장 주워와 바닥을 깔고, 재래 시장통 생선가게 혹은 과일가게에서 얻어온 조간신문 여러 장을 겹치듯이 덕지덕지 바른 것이 전부이었다.

하지만, 그 시절 남루하기 짝이 없던 다락방은 내가 매일 밤 머리 위 반짝이는 별빛을 이불 삼아 포근히 잠잘 수 있는 요람이었고, 성냥개비 두 개로 눈꺼풀을 치받치며 가난한 신분 상승을 위해 졸음을 쫓던 학구열 뜨거운 독서실이기도 했다. 시인 김소월의 '진달래꽃'과 유안진 수필가의 '지란지교를 꿈꾸며'를 시처럼 읊조리고, 소설가 김동인의 '배따라기'와 이효석의 '메밀꽃 필 무렵'을 정독할 무렵, 알 수 없는 그러나 가까운 미래에 필연의 끈으로 접할 것 같은 보이지 않는 미지의 세계, 박차고 힘차게 날아가고픈 그 희망의 나라로 끌고 들어가는 비밀의 통로가 되기도 했다.

방과 후 친구들과 해름참까지 뛰어놀다 어둑어둑 시력이 약해지고서야 집으로 들어온 나는 으레껏 그곳으로 기어 올라갔다. 그냥 '올라갔다'라고 해도 될 것을 굳이 '기어 올라갔다'라고 사족蛇足을 다는 것은 그곳이 흡사 선사시대 동굴처럼 어둡고 가파른 절벽 끝에 세워져 있어서, 거의 수직에 가까운 사다리를 타고 올라가야만 겨우 다다를 수 있었기 때문이다. 그곳에는 나 외에 다른 원시인의 출입은 어머니에 의해 통제가 되었기에 호젓했다. 냉장고, 에어컨, 하다못해 낡은 선풍기 한 대 없는, 현대 문화시설이라고는 거의 찾아볼 수 없는 벌거벗은 무인도나 다름없었기에 다소 불편할망정 정직하고 순수한 공간이었을지도 모르겠다.

더군다나 외롭거나 쓸쓸한 공간은 더더욱 아니었다. 오히려 그곳에는 10촉짜리 백열전구가 온몸을 불사르며 토해내는 밤의 열기가 있었고(그것은 한겨울에 더욱더 빛을 발했다.), 초저녁 어머니가 군입질로 고구마를 쪄서 올려준 자리, 그 소쿠리(대바구니) 옆에 FM 라디오가 하나 있었다. 봉제공장에서 일하는 누나로부터 물려받은 유일의 선물. 매일 밤 나는 그 유일무이한 문명의 이기 앞에 쪼그리고 앉아 호호 입김을 불어 손가락을 녹이면서도 혹한 추위를 느끼지 못했다.

조용필, 이문세 같은 솔로 가수와 들국화, 다섯 손가락 같은 그룹사운드 그리고 비틀즈The Beatles, 아바ABBA, 에어서플라이Air Supply 같은 외국 가수를 더러 소환해 노래 부르게 하기도 했으니…… 하룻밤 공력만으로는 도저히 헤아릴 수 없는 은하계에서 지구라는 별, 유독 파랗게 빛을 발하는 나의 별을 또박또박 밤마다 찾아와준 그들. 그 내밀하고도 친숙한 약속이, 조용한 공간에서 오직 한 소년만을 위하여 벌인 특별한 공연이 큰 위로가 되었다. 그들의 노래는 어느 것 하나 흔들리는 내 청춘의 바지랑대가 아닌 것이 없었고, 돌이켜보면 나의 빈약한 젊은 의지에 더할 나위 없이 과분하리만큼 고귀한 성직자의 축복 기도 아닌 것이 없었다.

이문세의 '별이 빛나는 밤에'가 좋았다. 그보다 몇 년 앞선 이종환의 '밤의 디스크 쇼'가 더 좋았다. 내가 딱히 음악(대중가요, 팝송)을 유난스럽게 좋아한 것은 아니었지만, 그 시절 라디오를 틀면 물 흐르듯 부드럽게 흘러나오는 DJ의 오프닝 멘트는 매혹적이었다. 편안한 감기약 같은 시그널송signal song이 낮 동안 이래저래 쌓인 일들로 어지럽게 더럽혀진 귀속을 빗자루로 청소하듯 쓱— 쓸고 지나가면, 신석기 시대 토기의 빗살 무늬 닮은 기하학적인 문양의 빗질 자국만 선명하게 남고는 했다. 내 성량에 맞춰 한 키를 낮춘 자상한 DJ의 차분한 목소리는 거뭇빛 대추 우린 물처럼 하루의 피로를 가시게 하는 자양강장제이었고, 널뛰고 흥분하기 쉬운 질풍노도의 시기를 차분하게 가라앉혀주는 산들바람 같은 위대한 시인이었으며, 때때로 웅대한 울림의 소설가이기도 했다.

안방 위 천장을 개조해 만든 다락방은 대략 두 평, 넉넉히 보아도 세 평이 채 안 되는 좁은 공간이었다. 안방에 어머니와 아버지, 형과 누이 그리고 나까지 다섯 식구가 모로 겹치듯 누우면 발 디딜 곳 없어, 한밤 혹은 새벽녘에 급하게 화장실에라도 갈라치면 참으로 난감하기 짝이 없었다. 위로 다섯 명의 형제들이 돈벌이하러 일찌감치 도회로 나가 함께 살지 않는 것이 얼마나 다행스러운 일인가! 포도시(가까스로) 엄지발가락 끝을 세워 꽃발(까치발)로 문고리를 잡으면서 나는 이렇게 생각하곤 했다. 참으로 퍽이나 철없던 시절이었기에……

집안에 화장실이 두 개씩이나 있고, 가족 구성원들마다 제각각 방이 하나씩 따로 있어 더 이상 까치발 디딜 일도, 누구 하나 나로 인해 멍석잠에서 깰까 염려하는 마음 따위가질 일도 없는, 두 팔 두 다리 쭉 펴고 넌브러져 잘 수 있는 작금의 생활에서 격세지감隔世之感을 느끼면서도, 마음 한편 남은 것이 있어 절로 흠칫하는 발가락 끝을 내려다보게 된다.

다락은, 지금 생각하기에 딱히 비교를 하자면, 주룩주룩

비 오는 여름날 혹은 소복소복 눈 쌓이는 겨울 낮에 어름어름 찾아간 근사한 휴양지 전원주택에서 만난 나이 지긋한 주인장이 오전 내 청소해 놓은 2층 온돌방 같다고 해야 할까? 아니면 약속 없는 날 우연히 걷다가 들린 야경이 아름다운 카페에서 나이보다 앳된 젊은 아가씨가 호박꽃 냄새나는 미소를 지으며 진하게 내려준 블랙커피 한 잔이 담긴 소반이 다소곳이 놓여있는 칸막이 낮은 찻집 테이블 같은 곳이라고 해야 할까?

  급한 마음에 시골집 안방에 반쪽짜리 다락방을 만들었다. 안방 면적이 충분하지 못해 일단 반쪽만이라도 만들어본 것인데, 그런대로 쓸 만한 것 같다. 다행히 천정고가 높아서 앉아서 책을 읽을 수도, 등을 펴고 서 있을 수도 있으니 예전의 그 꾸부정한 다락방에 견줄 바는 아니다. 라디오를 대신한 핸드폰에서는 요즘 핫hot한 잔나비의 '가을밤에 든 생각'이 나지막하게 흘러나오고 있다. 그 옛날 FM 라디오에서 듣던 DJ들의 친근한 목소리는 이제 들을 수는 없지만, 젊은 가수의 감성 충만한 목소리와 거친 듯 정감 있는 기타 선율로 그것을 대신한다.

    머나먼 별빛 저 별에서도
    노랠 부르는 사랑 살겠지
    밤이면 오손도손 그리운 것들 모아서
    노랠 지어 부르겠지

    새까만 밤하늘에 수놓은 별빛마저
    불어오는 바람 따라가고
    부르다 보면 어제가 올까

> 그립던 날이 참 많았는데
> 저 멀리 반짝이다
> 아련히 멀어져 가는
> 너는 작은 별 같아

　살면서 그리운 것이 어디 이뿐일까? 지나간 것들, '과거' 혹은 '추억'이라는 두 글자에 온전히 갇혀 있는 그 모든 형상이 아름답고 그리움의 대상이다. 설령 그것이 찢어지게 섧도록 아픈 모습을 하고 있더라도, 나는 오늘 그 그리움의 한 자락을 붙잡고 있다. 나머지 끝자락은 저만치 남겨두고, 아직 남은 나의 생의 마지막 몫으로 남겨두려 한다. 제목도 아슴아슴한 노래 한 소절이 흥얼흥얼 입가에 절로 맴도는 밤이다. 그것이 그 옛날 다락방 FM 라디오에서 흘러나오던 누구의 노래인지, 핸드폰 속 요즘 가수의 그것인지는 중요치 않다. 중요한 것은 여운餘韻이니까. 그리운 것이 그리워 살포시 다가와 이 밤 나를 느닷없이 숨 막히게 하는……

　그날 밤 별은 왜 유독 그곳에서 반짝였는지, 밤의 고요는 왜 성급히 달려드는 아침을 더디 오라 꾸짖고 있었는지 알 수 없다. 마음 급한 거미가 처마 밑에 얼기설기 거미줄을 치고 어디론가 사라지고 나면, 다락 창문 너머 장독대 위에 올려놓은 어머니의 물두멍 위로 하늘 끝 별들이 하나 둘 쏟아져 내려와 알알이 모두 박히고 나서야, 붉은 차가운 얼음덩어리가 되었고, 번쩍! 새날이 득달같이 밝았으니. 지금은 아득히 멀리 있어 기억 저편 까맣게 불 꺼진 동굴 같은 모습으로 남아있다.

소년이 꿈꾸었던 과거의 이소는 이미 이루어졌지만, 그 소년이 간절히 기도하며 박차고 밀어낸 둥지를 지금 나는 여전히 떠나지 못하고 있다. 어쩌면 영원토록.

연천

경기도 연천은 우리나라 최북단 마을 중의 하나라 겨울이 유독 춥고 긴 곳이다. 나는 어릴 적, 정확히는 중학교 1~2학년 때쯤으로 기억하는데, 이곳을 자주 찾았다. 시집간 셋째 누나가 이곳 고대산 자락 동막골에 정착해 매형과 함께 목장 일을 시작한 지 아마도 2~3년쯤 지나고 있을 무렵이다.

처음 젖소 몇 마리로 시작한 일이 점점 그 수를 늘렸다. 어린 송아지가 볏짚을 먹고 자라 덩치 큰 소가 되었고, 그 소가 또 송아지를 낳았다. 그런 일이 몇 차례 반복되다 보니 제법 많은 소들이 새벽마다 우사牛舍 안에서 음매! 하고 울면서 신선한 우유를 선물처럼 내어주었다. 조카들은 그 선물을 먹고 무럭무럭 자랐다. 그런 목장은, 목가적인 만화영화에서나 나올 법한 드넓은 평야를 품은 스위스 목장처럼 아늑하고 평온하게 느껴지기에 충분했다. '아, 시골이란 이런 곳이구나!' 그것이 '연천' 하면 떠오르는 나의 첫 번째 이미지다.

그런 아름다운 곳을 나는 어머니를 따라 1년에 서너 번, 계절이 바뀔 때마다 거의 매번 찾아갔다. 봄이면 목장 주변에 지천地天으로 핀 꽃의 이름과 먹을 수 있는 봄나물의 그것을 알기 위해 찾았고, 여름이면 동막계곡에서 어른 손가락 마디만 한 다슬기를 줍기 위해, 가을에는 소먹이로 쓰기 위한 옥수수를 나누어 먹으면서 귀엽고 사랑스러운 조카들에게 책을 읽어주기 위해 찾았다. 주로 1박 2일 혹은 당일치기이었지만, 그 동네 아이들과 조카들의 과외 선생님 역할을 했던 대학 시절에는 방학을 이용해 혼자 몇 달간 머무르기도 했다.

하지만 어머니의 방문 목적은 나와는 많이 달랐다. 어머니는 봄이면 목장 앞뒤에 있는 텃밭, 텃밭이라고는 하지만 실은 100m쯤 되는 긴 고랑이 여러 개여서 끝과 끝이 보이지 않았는데, 그 무연한 땅에 고추와 깻잎 같은 야채를 심기 위해, 여름이면 참외, 토마토 같은 과일을 수확하기 위해, 가을에는 김장 때 쓸 배추와 무를 가꾸기 위해 찾으셨다.

한탄강에 발목 한번 담가 볼 마음의 여유도 없이, 밭과 밭을 오가며 온종일 땀 흘리고 난 뒤 껌껌해져서야 집으로 돌아오는 두 모녀의 검게 그을린 얼굴이 희미한 조명 아래 깊게 파묻히는 날이 숱하게 많았다. 조금만 심고 키워도 충분히 먹을 수 있는 밭이었으련만, 어머니는 여덟 자식에게 분에 넘치게 노느매기할 생각에 피곤함도 몰랐고, 누나도 마찬가지이었다.

가을엔 특히 더 자주 들락날락했다. 어머니는 거의 연천에서 살다시피 하셨다. 전곡리 선사유적지나 연천 호로고루, 당포성 같은 계절 명소에 놀러 가는 일은 언감생심 꿈도 못 꿀 일이었다. 여름 내내 뜨거운 햇볕 머금고 가을 신선한 바람 맞으며 통통하게 살찌운 고추가 빨갛게 농익은 얼굴로 매일 아침 긴 밭에서 반짝이고 있었기 때문이었다. 허리 한 번 펼 틈 없는 것이 밭일인 탓에, 허리가 무너지도록 고추를 따고 간신히 허리 한번 펴면서 뒤돌아보면 조금 전에 파르스름해서 내일 따야지 하고 버려두었던 고추가 비웃기라도 하듯 빨갛게 상기된 얼굴로 익어 있었다. 줄줄이 매달린 그 모습에 현기증도 몇 번 났을 것이다. 밭일은 해도 해도 끝이 없다는 말을 어머니는 열 번도 넘게 토해냈고, 나도 그 말의 뜻을 어슴푸레하게 조금씩 알아갔다.

물론 연천에서 생활하는 동안 힘든 일만 있었던 것은 아니었다. 저녁이 되면 그날 갓 따온 여러 가지 채소에 들기름 듬뿍 넣어 조물조물 무친 누나의 나물 반찬은 향긋한 시골 특유의 냄새와 잘 어우러져 군침을 삼키게 했고, 잘 삶아진 돼지고기 수육과 함께 먹는 풋고추의 맛은 청량감을

느끼게 했다. 어머니와 나 그리고 누나네 식구 넷, 그렇게 여섯 대가족의 저녁 성찬이 끝나면 그 뒤부터는 온전히 나만의 시간이 주어졌다.

　전방 부대와 가까이 있는 관계로 TV도 잘 안 나오는 오지인 탓에 밤이면 딱히 할 것이 없기도 했지만, 밤하늘에 떠 있는 수많은 별들을 바라보며 시詩를 쓰고 내가 좋아하는 작가들, 한용운, 김영랑, 박목월, 김춘수, 한하운 같은 시인과 김동인, 박경리 같은 소설가의 책을 읽을 수 있는 작은방은 가장 좋은 놀이터가 되어 주었다. 반백 년 넘게 사는 동안 보아왔던 무수한 별들을 모두 모아 한자리에 놓는다 해도, 그 시절 연천 하늘에서 바라보았던 단 하룻밤의 별보다 많지 않을 것 같다. 한낮 동안 힘들지만 즐거운 노동에 지친 어머니의 잠든 모습을 보면서 나도 모르게 스르르 잠이 들었다. 온전히 꿈을 꾸지 않아도 꿈꾸는 듯 스며드는 평온함이 나를 편안하게 감싸 안곤 했다. 연천은 그렇게 편안했고, 남북 간 휴전 중인 긴장 상황임을 까마득히 잊게 할 만큼 충분히 여유로웠다.

　겨울은 김장의 계절이다. 밭에서 손수 기른 통통한 배추며 살진 무를 산더미처럼 마당 중앙에 쌓아놓고 어머니와 누나는 팔을 걷어붙였다. 이때는 목장 일로 바쁜 매형도 손을 안 보탤 수가 없기 때문에 주로 힘쓰는 일을 도맡아 했다. 나도 물론 옆에 있긴 했지만 딱히 뭔가 도울 일은 없었다. 어머니가 갓 버무려 건네주는 김치 한 줄을 날름 입으로 받아먹는 일. '간도 딱 맞고 너무 맛있어요!' 하고 가볍게 웃어주는 일. 그것도 일이라면 일이랄 수 있을까? 김장김치 담그는 일은 어머니와 누나의 손맛이 필요한 예술 작품 같은 것이니, 너는 옆에서 그저 맛있게 먹으면서 가끔 당신이 피곤하고 지루해질 때 추임새나 넣어주면 된다고 말씀하시던 어머니는, 이제 없다.

  나는 지금 재인폭포가 있는 연천 초입 토토봉 산행을 하기 위해 차를 몰고 가는 길이다. 의정부 역사가 바로 옆에 있다. 그 옛날 어머니는 고추가 가득 담긴 마대자루를 머리에 이고, 연천 신망리역에서 의정부역으로 향하는 기차에 몸을 실었다. 누나가 덤으로 챙겨준 고구마며 가지가 담긴 배부른 등짐을 짊어진 채 무거운 고추 자루는 무릎에 두고, 서울 가는 전철을 기다리면서 가락국수를 나눠 먹곤 했다. 문득 그때 그 가락국수가 생각났다. 여기저기 둘러보아도 옛날 그 모락모락 따뜻했던 국숫집은 보이지 않는다. 이제 더 이상 볼 수 없는 그 누구처럼.

  이른 새벽 젖소 우는 소리에 깨어나 호호 입김 불어 냉기 가득한 목장 대문 자물쇠를 열던 매형은 이런저런 사정으로 나이 들어 목장 일을 그만두었지만, 누나와 함께 연천을 제2의 고향으로 여기면서 재래시장에서 식당을 운영하고 있다. 가끔 TV에 전국 노포 맛집으로 소개되어 나오기도 하지만, 재물에 딱히 큰 욕심 없이 단골로 오는 손님들을 위해 정성껏 음식을 만들고 계신다. 연천은 추운 곳이라 마음 따듯한 사람들이 더욱더 많은 곳인가 보다. 도시에 오염되지 않은 시골 냄새 여전한 곳이다. 그곳에서 여전히 무던한 부림소처럼 수걱수걱 살고 있는 누나네 가족들을 생각하면 나 역시 마음이 정돈됨을 느낀다.

이제는 더 이상 온종일 허리 굽혀 일궈야 할 밭은 한 평도 소유하고 있지 않지만, 빨갛게 잘 익은 누군가의 고추밭과 누렇게 익어가는 누군가의 평야를 내려다보면서 하늘나라 어머니도 뽀작거리며 웃고 있을 것이다. 그랬으면 좋겠다. 어쩌면 연천은 어머니에게 있어 제2의 고향 같은 곳일 테니까.

　그다지 멀지 않은 그곳을 향해 자동차 페달을 힘차게 밟는다. 지금쯤 태풍 전망대에는 가을바람이 제법 강하게 불고 있겠지. 와락! 임진강 주상절리가 내 앞으로 달려오고 있다.

낡은 리어카

 늦은 저녁 퇴근길, 자동차 사이드미러로 보이는 낡은 리어카 한 대가 위태롭다. 낮은 오르막길을 힘겹게 오르고 있는 낡은 리어카. 폐지가 잔뜩 담겨 있어 오른쪽으로 살짝 기울어진, 얼핏 보기에도 위태로운 모습에 한동안 눈을 뗄 수가 없다. 아니나 다를까 오르막 끝 언덕배기를 코앞에 두고 쏟아지는 폐지들. 몰려드는 차량의 비상등 불빛 사이로 우왕좌왕 어쩔 줄 몰라 하는 낯선 할아버지의 모습이 참 많이 안쓰럽다. 불현듯 몇 년 전 돌아가신 아버지와 어머니가 떠올랐다.

 하필이면 고3 때 집안 살림이 갑자기 어려워졌다. 대학 진학을 위한 학업 성적 문제로 안 그래도 한창 신경이 예민해 있을 시기. 경제적인 문제로 저녁마다 한숨을 푹푹 내쉬는 어머니와 그 곁에서 아무 말도 못한 채 죄인처럼 묵묵히 앉아 어머니의 넋두리와 잔소리를 듣고 계신 아버지의 모습은 보기에 너무 안쓰러웠지만, 딱히 내가 옆에서 도와드릴 입장이 아니었다. 몇 년간 해 오던 가내수공업(양말 공장)을 폐업하고 나니 더 이상 생계를 위해 할 수 있는 일이 아버지에게 없었다. 어머니는 무엇보다 그깟 별 볼일 없는 공장 하나 하겠다고 소중한 집 한 채 달랑 있는 것까지 팔아 사업자금으로 보탠 아버지의 지난 과거의 의사결정이 구멍 난 항아리에 물 붓기를 한 것 같아 속상해 하셨다. 하지만 이미 엎질러진 물. 속상해 한들 아무런 도움이 되지 않았다. 우선 당장 먹고 살 일이 걱정거리가 되었다. 밀린 월세는 벌써 몇 달이 되어 눈덩이처럼 쌓여갔지만 그나마 다행스러운 건 우리 집 사정을 딱하게 여긴 집주인이 어느 정도 양해를 해 준 상태였다.

    오늘도 평소처럼 학교에 남아 야간 자율 학습을 마치고 밤11시가 넘어서야 집에 들어왔다. 그 때 컴컴한 방에 혼자 쪼그린 채 벽을 보고 앉아 울먹이고 계신, 들썩이는 어머니의 뒷모습이 보였다. 드르륵 문을 열고 들어서는 내 인기척에 아무 일도 없었다는 듯이 옷소매로 재빨리 눈물을 닦아내며 "배고프지? 수고했다." 하시고 재빨리 일어서 시치미를 떼고 새참꺼리를 준비하기 위해 부엌으로 들어가시는, 그런 어머니의 엉성한 엉터리 연기를 보는 순간 낮에 있었을, 내가 학교에서 공부하고 있는 동안 어머니가 혼자 힘들게 겪었을 내가 알지 못하는 이런 저런 일들이 짐작이 되고, 가슴이 아팠다. 하지만 대학 입학을 위한 중요한 학력고사를 코앞에 둔 고3인 내가 할 수 있는 거라곤 고작 "아니요. 괜찮아요. 올라갈게요."라는 짧은 인사말을 건네고 차분히 다락방으로 올라가 책상에 다시 앉아 열심히 공부하는 모습을 어머니께 보여드리는 것밖에 없었다.

    어느 날 집 담장 옆 한 구석에 허름한 중고 '리어카'가 세워져 있는 게 눈에 들어왔다. 여기 저기 깨어진 채 회색빛 알몸을 훤히 드러낸 시멘트 담벼락에 비스듬히 기댄 채 세워져 있는 모습이 마치 축 처진 아버지를 닮았다. 어머니께 이게 뭐냐고 궁금해서 물어 봤더니 아버지 거라고만 하셨다. 아버지는 아무 말씀도 하지 않고 묵묵히 리어카에 굵은 폐타이어 밧줄을 매달고 계셨지만, 얼굴에는 모처럼 화색이 돌았다. 폐지를 줍기 위한 리어카이었다. 가까운 곳에 예전에 살았던 재래시장이 있는데 그곳에 가면 상점에서, 특히 튼튼한 박스 포장이 많은 과일가게에서 내다 놓은 이런저런 박스가 수북이 쌓여있다는 말씀을 아버지께서 나중에 해 주셨다. 그렇게 아침부터 오후 늦게까지 폐지를 주워와 고물상에 내다 파는 일을 아버지는 시작하셨다. 밑천도 별로 안 들어가니 사업초기 경제적인 부담이 될 것도 없고, 조금 하다가 망해서 부도가 나더라도 여기저기 빨간 딱지 붙을 걱정도 없고, 작황이 안 좋아 크게 손해 볼 일도 별로 없으니 우리 집, 빈털터리 신세인 지금의 아버지 처지에서 할 수 있는 최상의 사업이었다. 한동안 숨죽이고 기죽어 지낸 아버지의 얼굴에 옅은 화색이 돌만도 했다.

　처음에는 아버지 혼자 일을 다니셨다. 하지만 차츰 줍는 폐지의 양이 많아져 하루 한 번이면 족하던 일이 오전에 한 번 오후에 또 한 번, 어떨 때는 저녁 무렵까지 하루 총 세 번을 다니게 되었다. 자연스레 어머니도 아버지를 따라 함께 다니시기 시작했다. 어쩌다 학교에서 일찍 파해 오후 늦게 집에 오는 날이나, 휴일인 토요일 일요일에는 나도 따라 나서기도 했지만 자주 있는 일은 아니었다. 매번 박스가 많이 나오는 건 아니었기 때문에 작황이 들쑥날쑥 했고, 덩달아 생계도 들쑥날쑥 했다. 하지만 인력으로는 어찌 할 수 없고 전적으로 하늘이 주관하는 일이니 어쩔 수 없이 받아들여야 했다.

학력고사 시험을 어렵사리 마치고 친구들 몇몇과 함께 모처럼 일찍 학교를 파해 집으로 돌아오는 길에 멀리서 아버지의 리어카가, 산더미처럼 폐지를 가득 실은 손수레가 때 이른 눈이 내려 안 그래도 미끄러운 오르막 도로 위를 힘겹게 오르는 모습이 흐릿하게 보였다. 바람도 제법 불고 있어서 추운 날씨에 리어카의 뒤꽁무니에 매달려 온몸으로 밀고 계신 어머니의 두 팔의 경련이 눈에 보이는 듯했다.

'리어카를 향해 달려가야 하나? 아니면 못 본 채 해야 하나?'

순간, 나는 머릿속이 복잡해졌다. 친구들은 내가 저런 가난한 부모님 밑에서 살고 있다는 사실을 상상조차 못 하고 있을 텐데, 내가 지금 당장 저쪽으로 뛰어간다면, 그 모습을 친구들이 깜짝 놀라 쳐다본다면…… 나는 본능적으로 옆에 있는 친구들의 눈치를 재빨리 살펴봤다. 다행히 앞으로 가게 될 **대학교 이야기로 잔뜩 신이 난 한 친구에게 온통 정신이 팔려 있는 친구들의 눈에는 낡은 리어카 따위는 없는 듯했다.

"얘들아, 잘 가. 내일 보자!"
"응. 잘 가"

짧은 인사를 하기가 무섭게, 얼른 리어카가 있는 쪽을 향해 천천히 걸어갔다. 내심 있는 힘껏 뛰어가고 싶었지만, 도저히 그럴 수가 없었다. 다행히 눈발이 제법 굵어져 더욱 더 흐릿해지고 있는 리어카…… 그리고 부모님의 모습. 나는 친구들의 모습이 눈 속에 파묻혀 사라지고 난 것을 확인하고 나서야 뛰어가기 시작했다. 리어카는 아직도 힘겹게 오르막길 9부 능선을 오르고 있었다. 셋이서 힘을 보태니 조금은 수월하게 움직이는 리어카. 그렇게 셋이 끌던 리어카가 한동안 우리 집 생계를 책임졌다. 우여곡절 끝에 대학에 들어가 공부를 하는 동안에도, 잠시 휴학을 하고 학비를 벌기 위해 아르바이트를 하고 있는 동안에도 아버지와 어머니는 리어카 끄는 일을 이었다 끊었다 몇 차례 반복하셨다. 실로 엄청난 소임을 다한 리어카……

나는 요즘 나이 들어 장만한 서천 시골집에 머물러 있다 보면 대도시에서는 쉽게 보기 어려운 손수레, 아니 리어카를 가끔씩 보게 된다. 폐지나 쓰레기가 담겨 있기도 하지만 대부분 농기계 같은 농사 도구나 생활 소품들이 실려 있다. 저 허름한 리어카가 또 다른 누군가에게 생계의 중요한 수단이 되고 있겠구나 하는 생각에 결코 가벼이 바라볼 수가 없다. 호젓하고 조용한 시골길을 콧노래 부르면서 지나가는 손수레보다 덜컹거리며 힘겹게 오르막 언덕길을 올라가는 리어카에 내 눈길이 가고 한동안 멈춰 서서 멍하니 바라보게 되는 건, 아직도 떨리는 학창 시절 추운 겨울 낡은 리어카의 덜컹거리는 진동이 두 팔에 남아 있고, 수년간 리어카를 끌고 오르막 언덕을 올라가셨던 살아생전 어머니와 아버지의 가쁜 숨소리가 아직도 귓전을 맴돌기 때문일 것이다.

어릴 적 추억이 모두 다 아름다울 수만은 없다. 나를 그토록 힘들게 했던 일, 그래서 다시는 되풀이해서 겪고 싶지 않은 일들을 아득히 먼 과거의 기억 속에서 하나씩 하나씩 꺼내어 생각하면 가슴이 아릴 수밖에 없다. 하지만 그런 고통과 시련을 무사히 이겨내고 살아온 나 자신에게 "힘든 시기를 참 잘 견디며 잘 살아 왔구나!" 하는 격려의 말을 해줄 수 있는 지금의 내가 때로는 대견스럽다. 삶이란 그런 게 아닐까? 하늘은 내가 충분히 견딜 수 있을 만큼의 시련만 주신다는, 흔들리지 않고 크는 나무가 없다는, 어려운 상황을 문제로 단정 짓지 말라는 내 삶의 격언이 적힌 책상 위 메모장을 바라보면서 이른 아침 차 한 잔의 여유를 가져 본다. 지금도 어디선가 덜컹대는 낡은 리어카를 끌고 있는 누군가의 부모님, 혹은 그것을 뒤에서 밀고 있을 나이 어린 누군가가 있다면 용기를 냈으면 좋겠다. 그 시절 내가 그랬던 것처럼……

[한국현대문화포럼] 제4회 문학상 대상

네, 이병 이만수

 늦깎이 신병. 재수 끝에 들어간 대학교에서 두 번의 겨울 방학을 보내고도 한참 동안이나 머뭇거리다, 중앙도서관 2층 난간 끝에 매달린 고드름이 조금씩 녹아떨어지기 시작할 무렵에서야 자포자기하듯 꾸역꾸역 입대 지원서를 냈다. 그런 탓에 나보다 한두 살 혹은 세 살까지도 어려 보이는 동생들을 선임병으로 모셔야 했다. '고것들이 꼴에 고참이라고, 짝다리를 짚은 채 부대 막사 입구까지 마중을 나와 있는 형국이라니!' 마중이라고 하기에는 어째 표정들이 말이 아니다. 억지로 끌려와 꾸어다 놓은 보릿자루처럼 멋쩍은 얼굴로 서 있는 고참도 있었지만, 그들 대다수는 껌이라도 씹는 듯 악다구니가 서늘하게 느껴졌다.

 맨 처음 자신들 밑으로 오랜만에 신병이 들어온다는 행정반 인사계의 전갈에 '이제야 드디어 지긋지긋한 막내 노릇이 끝나는구나!' 내심 환호성을 질렀을 것이다. 그런데 하필이면 나이 많은, 그것도 가빙끈 긴 서울 뺀질이라는 소문에 '어휴, 하필이면' 하다가 '제기랄!' 했을 것임을 알기에 '그래, 내가 이해하자!' 진즉에 마음을 다잡았지만, 그들의 군기는 셌다. 첫날부터 나는 제대로 잠 한숨 못 자고, 이리 불려가고 저리 불려가느라 첫날밤을 어떻게 치렀는지 기억조차 없다.

"네, 이병 이만수"

언제, 어디서, 누가 부르든지 나는 관등성명을 대야 했다, 그것도 부대 막사가 떠나가도록 큰소리로. 하루에 어림잡아 백 번도 넘게 했을 듯싶다. 마대자루가 보이지 않아도 '네, 이병 이만수', 행정반에서 편지 호출이 와도 '네, 이병 이만수', 구두약이 떨어져도 '네, 이병 이만수' …… 만약에 이 부대 안에 내가 없었다면 내무반 바닥 먼지는 어떻게 청소했을 것이고, 주말이면 어김없이 전국 각지에서 날아오는 위문편지는 어떻게 전달했을 것이며, 훈련 후 더럽혀진 군화는 무슨 수로 반짝반짝 빛나게 광을 낼 수 있었을지 지금도 의문이다. 그렇게 나는 M60 탄알보다 빠른 속도로 군기가 잡혀가고 있었다.

첫 유격 훈련은 버거웠다. 평소 체력 단련이라고는 동네 뒷산에 산책하듯 올라가 본 것밖에 없는 내가 20kg이 훨씬 넘는, 게다가 추적추적 내리는 봄비를 흠뻑 뒤집어쓴 군장을 짊어지기까지 했으니…… K2 소총을 어깨에 엑스(X) 자로 걸친 채, 하루하고도 반나절을 뜬눈으로 100km라는 거리를 걷고 뛰는 일은 오래전 나보다 먼저 군대 생활을 시작한 시골 출신의 상병, 병장들에게조차 힘겨운 훈련이 아닐 수 없다. 칠흑 같은 산속, 계절이 무색하게 여전히 너테 아래 눈석임물이 졸졸 흐르는 계곡을 빠져나와 어느 강파른 지점에 이르렀다. 순간 '10분간 휴식!'을 알리는 수신호가 소리 없이 날아왔다. 일제히 그 자리에 혼절하듯 철퍼덕 주저앉는 전우들. 그 와중에 경계병을 내세워 사주 경계를 지시하는 솜털 보송보송한 선임하사의 모습이 한눈에 보기에도 멋스러워 보였다. '저런 군인이야말로 진짜 군인이다!'

하는 생각 끝에 경외감이 일었다.

어찌어찌해서 도착한 부대 정문에는 노란 개나리꽃이 만개해 있었다. 이른 아침 햇살이 꽃잎 위에 밝게 드리워져 있었다. 모두들 무사히 행군을 마치고 돌아온 기쁨에, 나도 해냈다는 성취감에 내심 소리 없는 환호성을 내지르고 싶은 충동을 느꼈다. 때마침 '부대 일동, 군가 준비. 군가는 멋진 사나이. 하나 둘 셋!' 하는 소대장님의 구령 소리가 들렸다. 일제히 목이 터져라 힘차게 부르는 군가 소리에 드넓게 펼쳐진 철원평야가 파도에 출렁거리듯 들썩거렸다. 사는 동안 그토록 큰 소리로 목청껏 노래를 불러 본 적이 있던가? 그렇게 나는 늠름한 한 명의 대한민국 육군 군인으로 힘겨운 우화羽化를 시나브로 해나가고 있었다. 하지만, 부대 막사 안으로 들어온 뒤 뒤늦게 발견한 내 발이 문제를 야기했다. 또 한 번 부대가 심하게 들썩였다. 행군 내내 괴롭혔던 오른쪽 발바닥의 물집이 고름이 되고 핏물이 괴어 마치 씹다 버린 껌처럼 눌어붙어 있었다. 마치 원래 한 몸이었던 것처럼 딱딱하게 엉겨 붙어 서로 떨어지지 않는 군화에서 내 발을 분리하기 위하여 안간힘을 써 봤지만, 허사였다.

"이 이병, 괜찮나?"
자대 도착 첫날밤에 심하게 나를 괴롭혔던 나이 어린 선임병들 중 한 명이, 내 발 밑바닥에 흥건하게 흘러내린 핏자국을 보고 깜짝 놀라 내 옆으로 급하게 다가왔다.

"네, 이병 이만. 아, 아악!"
일순간 밀려오는 고통에 나는 잠시 잠깐 아뜩해지고 말았다. 눈을 떠보니 그 선임병의 어깨가 너럭바위처럼 넓게 느껴졌다. 한참 뒤 또다시 눈을 떠보니 의무대 간이침대를 덮고 있는 국방색 모포의 따뜻함이 온몸으로 느껴졌고, 왁자지껄 호들갑을 떨면서 의무관을 부르는 의무병의 목소리가 메아리로 작게 들려왔다. 그날 나는 한 시간여의 수술 처치 끝에 군화를 벗을 수는 있었지만, 한 껍질 두툼하게 벗겨낸 발바닥이 퉁퉁 부어올라 깁스를 해야 했고, 꼼짝없이 한 보름 병원 신세를 져야만 했다. 그리고 그 이야기는 동화처럼, 전설처럼 주섬주섬 날개를 달아 더러는 조금씩 부풀려지기도 하면서 부대 안을 훨훨 날아다녔고, 극기야 부대 밖 민통선(민간인 통제선) 경계석을 넘어 어머니가 살고 계시는 인천까지 날아가기에 이르렀다.

며칠 뒤, 허겁지겁 부대로 찾아오신 어머니와 아버지가 지금 막 DMZ 경계초소를 통과했다는 전갈이 도착했다. 종종거리는 어머니의 발걸음이 저만치 흐릿한 실루엣으로 보이자 울컥하고 참았던 눈물이 났다. 뜻밖의 아들 소식에 부엌 설거지 내팽개치고 젖은 소매 걷은 채로 단박에 달려왔을 어머니다. 오는 내내 뛰는 가슴을 몇 번이나 쓸어내리셨을지. 입영통지서를 받고, 강원도 철원 땅 멀고 먼 최북단 부대로 들어가게 되었다고 했을 때 눈물부터 흘리셨던 어머니다. 콩닥거리는 가슴을 진정시키기에 네다섯 시간의 여정은 그토록 부족한 시간이었을까? 여전히 들뜬 어머니의 양어깨가 멀리서 보기에도 심하게 들썩거린다.

의무대 앞 벤치에 앉아 망가진 나의 다리를 가만히 내려다보던 어머니의 두 눈에서 닭똥 같은 눈물이 한 방울 뚝 떨어지고 말았다. 괜찮다, 괜찮다 말하는 내 이야기는 귓전에도 없다. 이런 다리로 중도에 포기하지 않고 끝까지 훈련을 잘 마쳤으니, 그런 군인 정신을 이유로 완쾌 후 부대장 포상 휴가를 가게 될 것이라는 소대장님의 위로 섞인 설명에 기특하다고 연신 말씀하셨던 아버지도, 훗날 손수 써 보내신 위문편지에서 구구절절 내 안부를 되묻고, 덧붙여 '네 어미 걱정은 하지 말거라.' 당부하셨던 것으로 보아 내가 당신께 무척이나 아픈 새끼손가락이었나 보다.

이렇게 나의 이등병 군대 생활은 지나갔다. '네, 이병 이만수'로 멋모르게 시작해 '특등사수 상병 이만수', '교육계 병장 이만수'로 탈바꿈을 하면서 무탈하게, 비교적 즐겁게 국방의 의무를 마칠 수 있었던 것에 감사하다. 다 같이 땀 흘리며 젊은 시절을 보낸 전우들이 살면서 때때로 생각나기도 하지만, 각자 고향이 다르고 세월이 많이 흐른 탓에 인연의 끈을 유지하고 있지는 못하다. 가슴속 한구석 이제는 너나들이하면서 지내고픈 그리움으로 남아 있을 뿐이다.

나는 지금 한탄강 주상절리가 창밖으로 이음차게 펼쳐지는 매운탕 맛집에 와 있다. 냄비 속 빨간 국물이 지금이라도 당장 터질 듯, 활화산처럼 부글부글 끓고 있다. 뿌옇게 피어나는 수증기가 새벽 운무처럼 실내를 가득 메우고 있다. 지난 모든 것들이 아득하게 느껴진다. 직탕폭포 낙수 소리가 '쏴아, 쏴아' 하더니 '척, 척' 큰 바위에 연신 반복해 부딪친다. 발맞춰 함께 걷고 뛰던 군홧발 소리가 귓전에 선명하다. 지금 이곳 심산계곡 어디쯤에서는 그때 그날처럼 군화 발소리 죽여가며 숨 가쁘게 내닫는 장병들이 있을 것이다.

다 함께 목청껏 부르던 그날의 군가는 까마득히 멀다. 하지만, 여기서 십여 분만 북쪽을 향해 차를 몰고 달리면 그때 그 막사가 있다. 철원군 갈말읍 내대리. 그 작은 마을에는 아직도 내 젊은 날의 추억 하나가 별처럼 남아서, 두고두고 빛나는 동화로, 전설로 회자되고 있을 것이다.

푸른마을 2단지

 드디어 내 집을 마련했다. 결혼 후 10년 하고도 한 달이나 더 걸렸다. 맨 처음 반지하 다세대주택에서 살림을 시작해 4층 빌라 전셋집을 거쳐 어렵사리 마련한 아파트는 비록 넓은 평수는 아니었지만, 우리 네 식구가 복작거리며 아기자기 살기에는 그만이었다. 아니 지나치리만큼 터무니없이 넓게만 느껴졌다.

 안방과 작은방 앞에 각각 자그마한 베란다가 있어서 봄이면 예쁜 꽃들이 피어나는 화분 몇 개를 마음껏 들여놓을 수가 있었고, 하얗게 세탁한 빨래들을 길게 펼쳐 널어 햇볕에 뽀송뽀송하게 말릴 수도 있어 좋았다. 하루 종일 볕이 들지 않아 늘 꿉꿉했던 반지하 다세대주택에서는 꿈도 꿀 수 없는 일들이었다.

 실내뿐만 아니라 아파트 외부 환경도 마음에 쏙 들었다. 아이들을 데리고 밖으로 나갔다. 아직 걸음이 서툰 늦째 아이를 안전하게 보행기에 태워 놓고, 동동거리는 큰아이와 공놀이를 시작했다. 단지 내 가장 높은 꼭대기 동에 위치한 관계로, 약간의 경사가 있는 아파트 1층 마당은 공놀이하기에 안성맞춤이었다. 큰아이가 언덕배기 꼭대기에 서서 기다리면 아래쪽에서 치올려 발밑에 도어 투 도어(door to door)

로 안착시켜주는 방식이었다.

  연거푸 올려주는 말랑말랑한 고무공을 힘차게 맞받아 아들이 차 댄다. 단박에 경사면을 타고 주르르 흘러내려오는 공. 그러다 일부러 내가 미끄러져 넘어지는 척하면서 가랑이 사이로 빠트리기라도 하면, 잔뜩 신이 난 아이는 두 손을 하늘 높이 치켜들면서 '만세, 만세' 한다. 아마도 제 딴에는 '세게 맞받아 잘 찼다고, 그래서 아빠를 이겼다.'고 우쭐했으리라.

  몇 년 뒤, 안산으로 회사 사무실이 옮겨가면서 어쩔 수 없이 이사를 하게 되었다. 덩달아 서울 집 소유주의 이름이 '이만수'에서 처제네 부부 아무개로, 몇 년 뒤에는 내가 알지 못하는 또 다른 아무개로 바뀌어 버렸지만, 여전히 '푸른마을 2단지'는 옴시레기 온전한 나의 보금자리로 마음속에 존재한다.

  난생처음 등기를 하고, 선명하게 이름 새겨진 등기부등본을 몇 번이고 보고 또 바라보았던 곳. 보행기를 털고 일어난 막내 아이가 활짝 웃으며 아장아장 첫걸음을 떼던 곳. 큰 아이의 힘찬 함성 소리에 새파란 하늘이 깜짝 놀라 둘로 쩍! 갈라지고, 연이어 한 줄 반듯한 신작로가 언덕배기 동동거리는 발끝으로부터 내 심장에 이르던 곳. 이런저런 성장의 흔적들이 곳곳에 고스란히 배어 있는 까닭에 생각하면 할수록 가슴 따뜻한 곳이기 때문이리라.

  아까부터 창밖에는 주룩주룩 봄비가 내리고 있다. 비가

그치면 봄나들이 삼아 차를 몰고 그곳에 한번 가 봐야겠다. 지금쯤 그곳에서는 또 다른 어떤 아빠의 아이가 옹골찬 발차기로 언덕배기 푸른 하늘을 힘차게 둘로 가를 것이고, 누군가의 아빠는 어설프지만 완벽한 솜씨로 연거푸 자신의 가랑이 사이로 공을 흘려보내면서 흐뭇한 미소를 슬쩍 짓고 있겠지.

꽃상어

 용마루 위 연꽃이 연분홍빛 꽃잎을 열어 망자의 꿈속으로 새벽길을 트고 있다. 길동무하라고 놓아둔 꼭두는 무엇이 그리 즐겁다고 철없이 물구나무까지 서면서 환하게 웃고 있는지? 어젯밤 날아든 비보에 꼬박 밤새워 울음 운 탓에 눈두덩이 심하게 부어있는데, 삼일장이 끝나면 이내 화톳불에 던져질 태생적 운명을 뒤늦게 인식하는 지화紙花가 새하얗게 놀란 얼굴로 부르르 떨고 있다. 겨울바람이 매섭다. 마지막 남았던 노쇠한 잎새 하나가 아스라이 먼 곳으로 홀연히 떨어져 버렸다.

 밤늦은 시간에 형제들이 긴급하게 모였다. 아버지의 장례를 어떤 방식으로 치를 것인지를 두고 가족들의 의견을 취합하기 위함이었다. 당초 간단한 결핵인 줄로만 알았던 병이 '혈액암'이라는 듣도 보도 못 한 병명으로 판명이 나면서 일찌감치 마음의 준비를 안 한 것은 아니었지만, 막상 닥치고 보니 황망한 마음은 준비된 사람이나 그렇지 않은 사람이나 별반 차이가 없다.

 그나마 위안을 삼는 게 있다면, 몇 달을 채 못 넘길 것이라고 당초 예언했던 담당 의사의 진단이 보기 좋게 상당 기간 빗나갔고, 그 사이 잉여의 삶을 사는 동안 몇 차례 가족여행을 여럿이 다녀올 기회를 가질 수 있었다는 것. 그리고 무엇보다, 차갑고 음산한 중환자 병실이 아닌 송탄 자택에서 평온한 가운데 한밤중에 꿈꾸듯 주무시다 홀연히 생을 마감하셨다는 어머니의 증언을, 당신의 입을 통해 직접 들을 수 있었다는 사실이었다.

교회를 열심히 다니는 막내 누나는 당연히 예배 형식의 기독교식 장례를 원한다고 했다. 연천 사는 셋째 누나는 대놓고 말은 안 했지만 불교식으로 처리되기를 내심 바라는 눈치이었고, 큰형과 나는 아무런 이야기를 하지 않고 있었다. 어릴 때부터 지극정성으로 줄곧 성당에 다니고 있는 큰누나는 믿는 종교와 상관없이 평소 형식 같은 것은 크게 중요시 여기지 않는다는 지론을 피력했는데, 중요한 건 아버지와 백년해로百年偕老를 한 당사자인 어머니의 뜻이 아니겠느냐는 이야기를 덧붙인 상태였다.

결국, 어머니의 뜻에 따르기로 형제들 간에 의견이 모아졌다. 제아무리 예고된 죽음일망정, 정확한 날짜를 점찍을 수 없는 죽음인 바에야 갑작스럽긴 매한가지다. 천붕天崩에 그 누구보다 경황없고 긴박한 상황에 처한 어머니께 이런저런 당신의 생각을 여쭤보는 일은 다소 어렵게 느껴졌다. 하지만 어머니는 의외로 남남하고도 빠르게 결정을 내려 주셨다. '죽음'에 대해서 홀로 오래전 마음의 준비를 해 오신 탓도 물론 있겠지만, 최선의 장례로써 지아비의 마지막을 준비하는 것이야말로 아내 된 도리라는 생각을 미리 해 두실만큼, 양가의 딸로 태어나 받은 양가의 교육이 몸에 배어 있는 까닭일 테다.

장례식장에 꽃상여를 들였다. 상여는 연천서 사는 셋째 누나의 맏사위인 장 서방이 시골에서 직접 공수해 온 것이었다. 하얀색 지화로 관의 내부와 외부를 장식한 전통식 상여의 느닷없는 등장에 주변의 많은 조문객들이 하나둘 모여들기 시작하더니, 우르르 몰려와 인산인해를 이루게 된 건 순식간의 일이었다. 모두들 요즘 보기 드문 장관에 눈이 휘둥그레진 모양새가 쓸쓸한 분위기 속에서도 어딘지 모르게 이채롭게 느껴졌다.

"어머, 저기 좀 봐. 저게 꽃상여라고 하는 건가 봐."
"그러게요. 참 신기하네요."
"그렇지? 나도 처음 봐. 이런 건 영화나 사극에서 나오는 거 아닌가?"

비록 1월의 찬바람에 몸을 싣고 자유롭게 펄럭이는 만장까지 매달지는 않았지만, 장 서방의 선소리에 열을 맞춰 한 발 한 발 천천히 걸어 올라가는 상여꾼들의 모습은 내가 보기에도 먼 옛날 조선시대 풍속화 속에서나 볼 수 있을 법한 생경한 풍경이 아닐 수 없다. 소중한 누군가와 마지막 이별로 온통 슬픔에 가득 차 있는 장례식장일망정, 이런 진풍경에 일순간 들썩이지 않을 수는 없는 노릇이었나 보다.

보기 드문 전통식 꽃상여 행렬을 보면서 차마 가늘게나마 미소 짓지 못하고 연신 슬퍼하는 나와 형제들, 그리고 어머니를 조문객들은 수시로 위로해 주었지만, 우리 모두는 어느 한 사람 조금도 위로받지 못했다. 적어도 그날만큼은······

'호상$_{好喪}$이니까, 호상. 그래 호상 맞으니까. 그러니 너무 슬퍼하지는 말자.'

 하지만, 평생 살 부딪히며 함께 살아온 지아비를 떠나보내는 늙은 어머니의 눈물과 곡소리는 장례식장을 떠난 꽃상여가 100여 미터쯤 떨어진 화장터에 도착하는 이십여 분 내내 끊겼다 이어지다를 반복했고, 마침내 화장장 안으로 관이 들어가는 순간 대성통곡으로 폭발하고 말았다.

 장례가 모두 끝나고 꽃상여는 산업폐기물로 신분을 바꿨다. 태워서 없애버려야 했기 때문에 장 서방의 손에 이끌려 다시 어디론가 보내졌다. 어머니는 아버지의 마지막 가시는 길을 아름다운 꽃으로 장식해 드린 것으로써 아내로서의 도리와 최고의 예$_{禮}$를 갖추었다고 자평했고, 그 점에 있어서만큼은 당신 스스로 어느 정도 만족해 하셨다.

 나의 혈육, 나의 부모님이 100살을 다 채우고 먼 길을 떠나신다 한들 어찌 자식 된 정$_{情}$으로 슬프지 않을 수 있을까마는, 그런대로 감사하게 여기는 것은 그때 어머니의 뜻을 나를 비롯한 모든 형제들이 잘 따라 주었다는 것과, 그래서 오랜 투병 끝에 돌아가신 아버지의 육신을 꽃상여에 태워 아름답게 보내드릴 수 있었다는 것이다. 분명 아버지께서도 상여 속 풍성한 종이꽃 향기를 딱딱하게 굳어 가는 폐를 잠시 열어 진하게 호흡하셨을 것이다. 닫힌 육신의 입으로야 말은 못 해도 해맑은 소년 같은 영혼으로 흡족해 하시면서 평온한 마음으로 홀연히 하늘나라로 떠나가실 수 있으셨으리라 생각하니, 마음이 한결 편안하다.

93세, 많은 나이에 영면에 드신 거라 그나마 호상이니 슬픔이 덜 하겠다는 말로 나와 우리 가족들을 위로해 준 그날의 모든 사람들에게 감사의 인사를 드린다. 추운 날씨에 장례식 내내 수고한 가족들, 특히 멀리 연천서 구하기 쉽지 않은 꽃상여를 때맞춰 준비해 오고 갈무리까지 온전히 해준 장 서방에게 고맙다는 말을 전한다. 생로병사生老病死, 누군들 피해 갈 수 없는 만고의 진리 앞에 숙연해지고 만다. 누구도 따를 수밖에 없지 않은가? 하지만 내 형제자매 내 부모의 그것을 지근거리에서 목도하는 것만큼 슬프게 하는 것은 없다.

　삼가 명복을 빕니다, 아버지. 사랑합니다.

나의 소중한 첫 직장

집에서 하던 가내수공업(양말공장)을 접은 지 벌써 몇 년이 지났지만, 아직도 그 후유증에서 못 벗어나고 있다. 부모님뿐만 아니라 나, 여동생 그리고 형까지 모두 나름의 고충을 안고 힘겹게 살아가고 있다.

대학을 졸업할 무렵 나는 고민에 빠졌다. 어느 회사에 들어가 어떤 일을 하는 게 가장 좋을까? 내가 하고 싶은 일이 과연 무엇인지, 내가 제일 자신 있게 잘할 수 있는 일이 무엇인지…… 생각이 많아질수록 날마다 바뀌는 진로 때문에 혼란스러웠다. 머리를 식힐 겸 친구 몇 명과 한강이 내려다보이는 벤치에 앉아 텁텁한 막걸리를 마셔보기도 했지만 혼란은 여전히 사라지지 않았다.

날씨가 차가와지기 시작했다. 대기업 인사팀에서 학교를 방문해 설명회를 개최하면서 저마다 앞을 다투어 인재 쟁탈전을 벌이기 시작했다. 현대, 심성, 대우, 국민은행, 소응은행… 등 국내 내로라하는 굵직한 회사들이 몇 주간 연이어 학교 문턱이 닳도록 넘나들었다. 하지만 난 마음이 썩 내키지 않았다. '왜 그랬을까?' … 모두가 들어가고 싶어 하는 대기업 다 밀쳐두고, 이듬해 3월 초 나는 중소기업에 취직을 했다. 그것도 사양산업斜陽産業이라고 하는 섬유제조회사

를, 조그만 신문 광고를 우연히 읽고 찾아가 간단한 시험과 면접을 보고 내 발로 내딛은 첫 직장.

처음엔 영업일을 했다. 워낙 내성적인 성격이라 영업 Sales은 적성에 안 맞아 힘들 거라고 지레 걱정을 했지만, Sales가 아닌 기술 영업이라 다행히 할만 했다. 아니 시간이 지날수록 묘한 재미가 있었다. 수입원사輸入原絲의 물리적 성분을 분석해 그와 비슷한 국산을 만들어 내는 일은 제법 쏠쏠한 흥미와 성취감을 줬다. 내가 개발한 샘플을 들고 버스를 타고 공장을 찾아가 성공적인 완제품이 나오는 모습을 직접 현장에서 눈으로 제일 먼저 볼 때면 하루의 쌓인 피로가 싹 날아가곤 했다.

이렇게 시작한 첫 직장을 어느덧 언 30년째 다니고 있다. 그 사이 회사도 나날이 성장해 몇 개의 계열사를 거느린 그룹으로 발전했고, 나 역시 영업일로 시작해 세무회계, 인사총무, 자금을 총괄하는 브레인 역할을 하고 있다. 회사에서의 내 위치가 올라간 만큼, 아니 그 이상으로 갖게 되는 책임감은 큰 부담이 아닐 수 없다. 30년간 새벽잠을 설치면서 열심히 일을 해 왔다. 회사의 성장 발전에 나름대로 많은 기여를 했고, 그래서 후회나 아쉬움은 없다. 원 없이 일했고 원 없이 살았다.

'내가 하필 왜 이 회사를 선택해 지금까지 일을 하고 있을까?' 하는 생각은 접어두려고 한다. 언젠가 마지막 직장이 되어 떠나는 날, 그때가 되면 다시 생각해 봐야겠다. 지금은, 아직은 나에게 소중한 첫 직장이니까.

월간 [샘터] 2023년 12월호 수록

'하늘이' 에게서 수필을 배운다

양은 냄비에 뽀얗게 우유를 데운다. 방의 온도는 16도씨. 새벽 4시다. 발바닥을 타고 올라 전신을 휘감는 냉기가 부담스러워 서둘러 보일러부터 틀어놓을 법도 한데, '하늘이' 부터 찾는다.

"하늘아, 하늘아"
대답이 없다. 보나 마나 거실 베란다 어디쯤에서 잔뜩 웅크린 채 새벽잠에 빠져 있으려니 생각하면서도 습관적으로 마당 끝 나무 덱 한쪽 제집으로 자늑자늑 향하는 나다. 두리번거리는, 나이 들어 시력마저 나빠진 나를 먼저 알아보고 어디선가 불쑥 튕겨져 나와 와락! 품에 안기는 것은 역시나 오늘도 새끼 강아지 '하늘이' 이다.

서천에 터를 잡은 지 언 3년이 지났다. 앉은뱅이 산이 만만한 높이로 집 뒤에 연이어 있고, 대보 옥광 밤나무 가지마다 주먹만 한 밤송이가 고슴도치 움츠려 앉아있듯 무성하게 자라는 곳이다. 바라보는 호수 끝 굴곡진 자리에 다리가 하나 길게 놓여 있는데, 아직 입소문이 많이 나지 않은 탓에 오가는 이 별로 없지만 오히려 나는 그런 호젓함이 좋다. 이제는 눈에 익어 멀리서도 충분히 그 이름을 분별할 수 있는 철새 떼가 모였다 사라지기를 반복한다. 점 하나에 거만

한 듯 외로운 가마우지 한 마리, 점 하나에 검은 물닭 한 마리, 점 둘에 다정한 청둥오리 한 쌍, 그리고 점 하나에 그리운 어머니, 어머니, 어머니 같은 시골 할머니들……

서래야(서천 쌀 이름) 걷어 생쌀 씹듯 조곤조곤 마음속으로 한 점 한 점 헤아리다 보면 어느새 반나절이 휘리릭 지나가 해가 중천에 떠 있기 일쑤였다. 살아 꿈틀대는 점과 점이 선을 이루고, 그 선과 선이 휘돌아 둥근 면을 이룬 중심에 마을 사람들이 모여 앉아 수다스럽지 않은 수다를 떨곤 한다. 넉넉하고 여유로운 서천의 풍경이 맘에 들어 주저 없이 작은 텃밭을 일구고, 이 나무 저 나무 얼기설기 짜 맞춰 만든 틀밭에 고추 깻잎 모종을 고랑마다 가지런히 심는 마음으로 직접 쓴 시詩와 수필隨筆 네다섯 편을 액자에 담아 걸었다.

한참을 서서 마당 이곳저곳에 눈높이로 매단 나의 글을 바라본다. 고즈넉한 풍경을 눈으로 느끼면서 그 속에 박힌 서사를 마음으로 읽고 또 읽는다. 어느 날은 그런대로 읽을 만하다 싶다가도, 또 어느 날은 느닷없이 나조차 앞에 서 있기가 민망하리만큼 어설프기 짝이 없는 작품들뿐이다. 게다가 액자가 걸린 마당 울타리는 정갈하고 고풍스러운 갤러리 혹은 카페라고 하기엔 너무 저렴한 재질이고 그래서 촌스럽기 그지없다. 작지만 뭉뚱그려 시화詩畵 전시회장이라고 떠벌리기엔 지나치게 염치없고 그래서 더 볼품없게 느껴진다.

하지만 앙증맞고 내 마음에 딱 드는 걸 어찌하랴.
제법 그럴싸한 모양새가 내심 흐뭇해 딱히 볼일 없는 정오 무렵 주섬주섬 갖춰 입지도 않은 채 그냥저냥 뒷짐을 지고 나서기도 한다. 유유자적 뜰을 걷는 것도 한순간. 어젯밤 바람이 한바탕 쓸고 지나간 탓에 이미 깔끔하게 정돈된 마당에 남아있을 리 없는 낙엽을 갈무리하겠다며 호기롭게 빗자루를 들고 바삐 움직이는 내 모습이 내 보기에도 조금은 어이가 없다. 하지만 어찌하겠는가. 긴 빗자루를 옆구리에 끼고 이리저리 분주히 두리번거리는 두 눈이 양 손바닥 펼쳐 보이듯 광활하게 펼쳐진 아침 호수의 수면을 미끄러지듯 타고 달려오는 햇살을 고스란히 담아, 초겨울 북두칠성보다 더 반짝거리는 것을.

'그래 글을 쓰자. 내 마음 편하도록 글을 쓰자' 수차례 다짐을 했다. 하지만 좀처럼 글이 손에 잡히지 않는 날이 많았다. 그럴 때면 노트북 상단 전원 버튼을 꾹 눌러 어둠 속에 나의 글(가제목만 적어놓은 상태라 글이라고 하기도 좀 그렇지만)을 가둬놓고, '백합꽃향기 너무 진하여 저녁때 대문이 절로 열렸네.' 라는 지극히 목가적인 어느 시인(나태주 : 1945~)의 산책과는 전혀 다른 풍경의 일탈을 일삼곤 했다. 무작정 풀밭을 걷다가 느닷없이 삐죽삐죽 올라온 상념 같은 잡초가 눈에 거슬려 단박에 주저앉아 맨손으로 그것들을 모조리 솎아버리는 식의 산책.

'수필은 마음에 여유가 있어야 쓸 수 있는 글이다.' 라고 했던가? 하지만 나에게는 마음의 여유, 수필을 쓰기 위한 전제 조건 같은 차분함이 여전히 없었다. '이렇듯 평온한 시골에서조차 마음의 여유를 찾을 수가 없다니!' 혼란스러웠다. 역설적으로 들릴지 모르지만, 오히려 나는 마음의 여유를 찾기 위해 글을 쓰기 시작했고, 그렇게 하기 위해서 한평생 살아온 복잡한 도시를 떠나 서천이라는 작은 시골 마을에 실팍한 하나의 점으로 남기로, 점처럼 보잘것없는 한 명의 이름 없는 촌부村夫가 되기로 자청을 했다.

생각건대, 여유로워서 글을 쓰는 사람은 별로 없는 것 같다. 이때의 여유란 경제적인 여유까지 아우르는 말일 테니 더더욱 나에게는 그러하다. 하지만, 여유로움에 대한 갈망이 크면 클수록, 글쓰기에 천착하면 할수록 나의 글에는 쓸데없는 힘이 잔뜩 들어갔고, 경직된 어깨에는 통증이 잦았다. 나는 오로지 내 마음의 여유만을 생각하고 있었다. 경제적인 여유도 언감생심 잊었다. '덜 버는 대신 조금 덜 먹고 덜 쓰면 되지 않겠어!' 30년 직장 생활, 심각한 업무 스트레스로 12kg 억지 감량된 체중을 되살리기 위하여 극구 손사래를 치면서까지 고집스레 고향 아닌 고향 길을 선택한 내가 아니던가.

그러나 하루하루 시간이 지날수록 마음의 여유는 고사하고 안정마저 무너져, 극기야 가까운 이웃들과 아침저녁 간단한 교류마저 기피하는 지경에 이르고 말았다. 교류가 끊기니 단절된 삶이 이어졌다. 단절된 삶이 이어지다 보니 하루하루가 냉랭하기 이를 데가 없었다.

그러던 어느 날 하릴없이 물버들길(동부저수지 둘레길)을 터벅터벅 설었다. 물버들길은 지역 사람들이 '봉선지'라고 부르는 상류지역과 내가 살고 있는 삼월리 하류지역을 아우르는 총 길이 14km의 시골 산책길로, 집 거실 베란다에서 바라다 보이는 부엉바위를 기준 삼아 데칼코마니처럼 반을 접으면 코를 마주하는 지점에 녹색의 출렁다리가 횡으로 길게 놓여있다. 그곳 낡은 시골집 담장 아래에서 갓 태어난 강아지 서너 마리의 울음소리가 조그맣게 들려왔다.

발걸음을 멈추고 소중한 인연因緣 하나를 들어 올렸다. 거리낌 없이 살포시 가슴에 다가와 찰싹 안기는 따뜻한 생명체의 안착安着. 살아 꿈틀대는, 숨탄것끼리 서로서로 주고받는 36.5도의 제곱 승보다 훨씬 높은 체온. 그것이 동사凍死 직전 나의 육체를 사르르 녹이고, 충혈 되어가는 나의 눈을 촉촉하게 적셔 주었다. 연신 손사래를 치는 옛 주인의 거북 등짝 같은 손에 담뱃값 2만 원을 쥐여주고, 낡은 견사만큼이나 찌든 담배 냄새와 성난 성견의 울부짖음을 뒤로하면서 '하늘이'와 빠져나온 저수지 위 하늘이 그렇게 맑고 푸르를 수가 없었다.

'하늘이'는 결코 혼자 노는 법이 없다. 울타리 앞 제집은 본체만체하고 내가 생활하는 거실 가까이, 따뜻한 사람 체온 언저리에 최대한 맞닿으려고 막무가내 떼를 쓰는 하늘이다. 낮 동안 내가 책을 읽고 있으면 혼자 있는 무료함이 싫어 가지런히 벗어놓은 재래시장표 슬리퍼를 물어뜯으면서 천방지축 놀기도 하고, 전등 불빛이 흐릿하게 푸나물 잎사귀를 비추기 시작해 저녁밥상 준비로 조금 바빠질 때쯤이면 으레 놀던 그곳에서 아무렇게나 쓰러져 금방 깊은 잠에 빠져드는 아이다.

'하늘아' 부르면 가슴팍까지 뛰어올라 안긴다. 사람과 사람 사이의 간격이 갈수록 멀어지고, 글과 글이 데면데면해지는 요즘 세태에 그런 '하늘이'와의 일상이 느닷없이 왈칵! 소중하게 느껴지는 순간 수필이 써지기 시작했다. 처진 나뭇가지 끝에 매달린 초겨울 홍시 하나를 따 먹으려고 깡충깡충 뛰어오르기를 벌써 십여 차례 반복하는 모습에서 아직은 순수한 어린아이의 세상을 본다. 때때로 마당 앞 저수지 끝을 응시하면서 무언가 골똘히 깊은 생각에 잠긴 듯 돌하르방처럼 꼼짝도 하지 않는 제법 어른스러운 모습에서 매사 비우고 살라는, 필요 이상의 것을 가지려 하지 말라는 무소유 정신으로 일갈하던 법정 스님의 산중 산문의 어느 한 페이지를 들여다본다.

'하늘이'는 잘난 척하지 않는다. 예쁜 척, 아는 척도 하지 않는다. 사족도 넋두리도 없다. 배가 고프면 밥그릇을 한 번 쳐다볼 뿐이다. 마음이 아프면 속으로 울지라도 내색하지 않지만, 가끔 정말 참을 수 없을 만큼 크게 아프면 끙끙! 앓는 소리를 낸다. 그것으로 나는 하늘이가 느끼는 통증의 깊이를 가늠할 따름이다. 가식이나 허세 따위는 털끝만큼도 없다. 오직 솔직하게 자신의 이야기만을 꾸밈없이 독백처럼 말할 뿐이다.

나의 시골 살이 또한 그랬으면 좋겠다. 꾸밈없고 가시이나 허세 따위 전혀 없는 '하늘이'처럼 내 주변의 모든 이웃들이 그렇게 편안한 사람들이었으면 좋겠다.

나의 글도 그랬으면 좋겠다. '~척' 하지 않아도 절로 도드라지는 내면의 아름다움 탓에 행간에 아무리 숨기려 해도

숨겨지지 않는 옥빛이 새파랗게 새어나는 글, 솔직 담백하되 누구 한 사람 천박하다고 흉보지 않는 글, 삭이고 삭아 더 이상 피워낼 내면의 누룩곰팡이 한 점 없는 글, 참다 참다 못 견뎌 내뱉는 속엣말이 다소 거칠지언정 타인의 감정까지 무단으로 침범하지는 않는 글, 나 스스로 생각하기에 조금 부끄럽기는 할망정 지나치게 거북하지는 않는 글. 그것이 나의 수필, 진정한 '나' 이길 바란다.

   새끼손가락 끝으로 우유의 온도를 재본다. 아직은 돌봐주어야 할 어린 아기다. 딱 먹기 좋게 달보드레한 맛이 손끝으로 전해온다. 어제저녁 까닭 없이 설사를 하던 모습이 걱정스러워 유독 온도에 민감한 새벽이다. 미명을 뚫고 졸랑졸랑 곁으로 달려와, 아픈 내색 전혀 없이 가볍게 살랑살랑 꼬리를 흔들어대는 천진난만한 모습을 보면서도 영 마음이 놓이지 않는다.

   그대
   구월의 강가에서 생각하는지요

> 강물이 저희끼리만
> 속삭이며 바다로 가는 것이 아니라
> 젖은 손이 닿는 곳마다
> 골고루 숨결을 나누어주는 것을
> 그리하여 들꽃들이 피어나
> 가을이 아름다워지고
> 우리 사랑도
> 강물처럼 익어가는 것을*

젖은 손 하나, 실팍한 물줄기 한 가닥만으로도 세상 가장 크고 위대한 나눔과 사랑을 실천하는 어느 시인의 시 한 구절이 떠오른다. 그 속을 알면서도 옅은 미소가 번진다. 억지로 억지로라도 안도의 한숨을 내뱉어본다.

글도 사람 사는 세상과 멀리 떨어진 곳에서 홀로 마음 졸여 써나가는 것이 아닌가 보다. 온종일 '하늘이'와 부대끼며 마음 졸이기도 하고, 작은 기쁨에 안도의 한숨을 내뱉으면서 행복하게 더불어 사는 전원생활 속에서 창작의 원천인 여유로움이 미소가 번지듯 나도 모르는 사이에 싹을 틔우더니, 어느 순간 봉긋! 어린 꽃잎 한 장을 열어젖히고 있음을 느낀다.

늦었지만, 예수남은 나이 아닌 이제 겨우 예순을 바라보는, 어쩌면 누구보다 젊은 나이에 전원생활을 시작해 가까스로 이제 겨우 안정된 길을 찾았다는 생각이 든다. 늦었지만 나는, 이제 겨우 수필의 첫 문장을 써 내려가고 있다. 감사한 마음으로.

---

* 인용 시: 시인 안도현(1961~)의 [구월이 오면] 중에서 발췌함.

너에게 2 - 곁에 선 사랑

창밖을 봐
지금 눈이 와

눈사람을 만들까?
어릴 때처럼

삼각대를 세워 두었지
예쁜 사진 찍으려고

조심조심 다가가
살며시 한 발 옆에 서 있을게

내 곁에 다가와
나처럼
그냥 서 있기만 하면 돼

동글동글 쌓은 탑
깜짝 놀라 무너지지 않게

그게 사랑이야

도대체
너에게
사랑은 뭐니?

제2부

너덜겅에 흩뿌린 씨앗처럼

'수상 수필'이란?
개인적 경험, 사물에서 얻은 삶의
철학적 의미를 진솔하게 쓴 수필

1. 드레드레
2. 봄 뻐꾸기와 쑥버무리 – [노계문학 백일장] 제7회 입선
3. 낙엽 위에 서다
4. 초가을 단상
5. 언어 캐기
6. 일월의 어떤 종種
7. 올공조공 서천별곡舒川別曲
8. 비긋는 어느 여름 날
9. 오래된 현재의 사랑을 위하여

〈시〉 너에게 10 (사랑의 끝은 꽃, 처음 그랬던 것처럼)

드레드레

동쪽으로 난 어머니의 베란다에 전에 없던 항아리가 놓여 있습니다. 투박한 몸매와 거무튀튀 소박한 빛깔로 보아, 감정 없이 어느 공장 근로자에 의해 만들어진 물건인 듯합니다. 하지만, 창문을 뚫고 파고드는 비단결 같은 아침의 태양빛을 적나라한 알몸으로 흡입하는 특혜를 받고 있습니다.

나는 그런 존재이었습니다. 우리 집에서만 누릴 수 있는 상위 1%의 혜택, 나 외에 다른 어느 형제도 받아본 적 없는 그런 혜택 말입니다. 열 손가락 깨물어 안 아픈 손가락 없다지만, 막둥이 자식에 대한 어머니의 간곡한 차별적 사랑이 아닐 수 없습니다.

"엄마, 저건 어디서 샀데?"
"사긴, 장날 거기서 주운 거여. 누가 이사 가면서 하마 버렸을라나. 아직 쓸 만한데 말이시"
"아아, 그러셨어요……"

어머니는 행여 갖고 싶은 물건이 있더라도 좀처럼 지갑을 열지 않으십니다. 없는 살림에 조리차하는 생활 습관이 몸에 밴 까닭임을 알기에 마음이 조금 쓸쓸합니다. 집안에 있는 이런저런 가재도구들 중 몇 가지는, 아니 어쩌면 그중 상당수가 장날 산책 삼아 나선 길에 주워 오신 것들임을 나는 압니다. 동네 놀이터 옆 재활용품 수거장에서 말입니다.

그곳에 가면 의례 한 두어 가지 성한 물건을 어렵지 않게 건질 수 있음을 나도 압니다. 가끔은 지름길을 놓아두고 애써 빙 돌아 그곳을 들리는 어머니의 행로가 결코 우연이 아님 또한 나는 알고 있습니다. '이젠 그러지 마세요!' 하는 말이 목젖까지 차오르다가도, '엄마, 다리 아프지요?' 하는 말로 대신하고 마는 까닭입니다.

지금 저 항아리도 그런 우연을 가장한 필연의 조우를 통해 얻어진 물건들 중의 하나일 것이라고 짐작은 하지만, 역시나 그렇다고 숨김없이 쿨cool 하게 말씀해 버리고 베란다로 향하는 노령의 어머니에게 미안한 마음이 앞섭니다. 창피해 못 본 척하고 전봇대 뒤로 몸을 숨기고 싶어 하던 사춘기 시절 철없는 행동에 비할 바는 아니지만, 내가 먼저 말을 꺼내기가 데면데면합니다.

"좋은 거로 하나 사 드릴까요?"
"아니, 뭐라고 그깟 것에 돈을 써. 놔둬라."

그렇게 무심하게 툭! 던지듯 말씀하신 어머니는 다음날 아침에도 일찌감치 마른행주에 물을 적시셨을 것입니다. 반질반질하게 윤기가 날 정도로 항아리의 겉면을 닦고 또 닦으셨을 겁니다.

얼마나 손을 탔는지 질항아리의 아랫배가 반짝입니다. 볼

록한 그것을 바라보고 있자 하니, 잘근잘근 씹어 입에서 입으로 전하던 유년의 젊은 어머니를 대하는 듯합니다. 촉촉한 사랑으로 어린 자식의 허기진 배를 불리던 그런 시절이 내게도 있었겠지요? 어릴 적, 대야에 목욕물을 받아놓고 뽀드득 살갗이 벗겨지도록 씻겨주시던 어머니의 손길이 어렴풋이 생각납니다. 겨드랑이 사이에 파우더를 발라놓고, 손바닥으로 연신 토닥여주시던 어머니의 옛 모습이 꺼질 듯 선명합니다.

 '엄마 손은 약손' 하며 자장노래 불러 주시던 중년의 어머니가 내게도 있었습니다. 구멍 뚫린 문풍지 사이로 신선한 바람이 파고듭니다. 행여 밤사이 가슴 아픈 일은 없었는지, 나의 가느다란 실핏줄을 타고 유영하는 좁쌀만 한 슬픔까지 빠짐없이 살피는 어머니의 눈매에서 애틋함을 보았습니다. 어느덧 굽은 등 뒤로 한 움큼 햇볕이 내려앉습니다. 질항아리의 겉모습이 따뜻해 보여 다행입니다. 속마음은 여전히 알지 못하지만……

 어머니는 난야(蘭若)를 좋아하셨습니다. 그런 촌에서 살기를 원하셨습니다. 깊은 산골이 아니더라도, 드레드레 텃밭 딸린 작은 주택이면 족하다고 말씀하시곤 했습니다. 드레드레, 나는 그것이 얼마나 넓은 것인지 이해하지 못합니다. 단지 저 질항아리를 베란다에 옮겨 놓으면서 족히 마음속으로 늦가을 된장 한 독, 검붉은 고추장 한 두어 말씀 너끈히 담을 것이라고 가늠할 뿐입니다. 작은 화분 몇 개 놓고 상추, 솔 같은 푸성귀를 기르기도 비좁은, 듬성듬성 건조한 햇볕만 맴도는 단조로운 아파트 생활에 그 정도면 드레드레 하지 않을까요?

 참 많이 답답하셨을 법도 한데 질항아리의 표면은 거친 듯이 매끈합니다. 본디 성근 흙으로 빚어진 몸이기에 숨길 수 없는 돌기가 군데군데 도드라져 있습니다. 덕지덕지 표면에 바른 화장 같은 유약이 제아무리 부드러운 촉감을 가졌다 한들, 어머니 가슴속 인고의 흔적을 모두 다 가릴 수는 없습니다. 더께 하나 없이 깨끗한 속마음을 투박하고 거친 입말이 온전히 가리지 못하는 것처럼 말입니다.

 사는 동안, 나는 어머니의 수없이 많은 말씀과 표정 속에서 그 어떤 진의眞意도 완벽하게 읽어내지 못하였습니다. 얼핏 들여다본 항아리 속은 온갖 생활용품으로 가득하지만, 언제 어디에 쓸 요량으로 모아 놓은 것인지 아직도 나는 여전히 알지 못합니다.

 생뚱맞게 똬리를 틀고 앉아있는 낡은 로프 더미를 보면서 리어카에 줄을 묶던 아버지의 뒷모습을 떠올릴 뿐입니다. 꼭지 떨어진 냄비 뚜껑을 만지작거리면서 오래전 사고로 짝을 잃고 외롭게 살아가는 작은형이 생각나 애먼 곳으로 눈길을 돌릴 뿐입니다. 그런 나에게 귀가 부러져 몸통만 남은 국자가 가슴으로 달음박질을 하고 맙니다. 어릴 적 부엌서 쪼그리고 앉아 여동생과 함께 만들어 먹던 '달고나'의 사카린 단내가 와락! 뿜어져 나옵니다. 딱 알맞은 본새라고 말하면서도, 질풍노도의 시기에 누군가 엿으로 바꿔 먹지만 않았더라면 하는 아쉬움을 생각하고 맙니다. 그랬더라면, 딱 그렇게 할 수 있을 만큼의 형편이 되었더라면 지금쯤 6~70

년대를 추억하게 하는 생활용품으로 귀하게 남아 있을지도 모를 일이니까요.

　차마 내버리기에는 조금 아까우셨을까요? 내치지 못해 간직한 이런저런 과거의 물건들이 비록 온전한 형태는 아니지만, 제각각 추억이라는 이름표를 달고 소복하게 쟁여 있습니다. 어머니는 왜 이런 물건들을 버리지 못하셨을까요? 베란다 선반은 반쯤 비워놓고, 굳이 왜 낡은 항아리 속에 차곡차곡 담아놓고 사셨을까요? 어머니의 지나온 발자취가 상상컨대 편치만은 않습니다. 어머니의 검소한 성품에 대한 경외감을 훨씬 앞지르는 측은지심惻隱之心에, 굽은 등에 부딪혀 튕겨져 나오는 아침 햇살 조각이 대쪽보다 날카로운 비수가 되어 나의 가슴을 찌릅니다.

　어머니와 함께 전원주택 구경을 간 적이 있었습니다. 옛날 김제 외갓집을 닮은 촌스럽고 소박한 집 한 채 갖고 싶다는 병든 어머니의 마지막 소원을 들어드리고 싶다는 결의보다는, 한 번쯤 구경이라도 시켜드림으로써 먼 훗날 자식 된 도리를 다하지 못했다는 자책감을 회피하고 싶다는, 지극히 이기적인 효심孝心이었음을 고백합니다.

　"상훈 아비야, 이 집 너무 괜찮다. 마당이 끌밋하니 텃밭도 너끈히 만들 수 있겠어. 꽃도 심고, 감도 기르고…… 글고, 땅 쪼매 아껴서 네 아버지가 좋아하셨던 하지감자도 드레드레 좀 심고 말이다."
　"그런데 엄마, 어쩌죠? 이 집…… 한 5억은 줘야 할 거예요."

"아이고!, 그렇게나. 그럼 차라. 나는 일 없응께. 살면 얼마나 더 살 끼라고 그리 부산을 떨까."

흥정할 틈도 없이 터무니없게 질러버린 집값에 짐짓 어머니가 놀라시는 것은 당연했습니다. 아쉬움 반, 섭섭함 반으로 어머니의 눈빛이 흔들리는 것을 보았습니다. 하지만 그도 잠시, 모처럼 자식 손을 맞잡고 시골집 나들이에 나선 것만으로도 충분히 들뜬 어머니의 얼굴에서 입꼬리 올라간 어린 소녀, 천방지축 철없이 온 동네 골목골목 헤집어 뛰놀던 어느 한 시골 소녀의 순박함을 나는 보았습니다.

어머니 집 베란다에 있던 질항아리를 얼마 전 서천 삼월리 나의 시골집으로 옮겨 왔습니다. 특별할 것 없는, 가녀스러워 보이기까지 하는 이 항아리가 어머니의 유일한 유품으로 내 곁에 남게 될 줄은 꿈에도 생각하지 못했습니다. '마지막 떠나는 길에 이것밖에 자식에게 물려주실 게 없으셨나요!' 참 보잘것없는 유산이 아닐 수 없습니다. 만약 이런 유의 유물이 골동품 경매 시장에 나온다면, 나 역시 속 모르는 남들처럼 콧방귀를 뀌었을 것입니다.

하지만 어머니의 손때 묻은 물건을 어찌 세상의 가치로 평가할 수 있을까요? 추억은 사고 팔수 없고 돌이켜 다시 만들 수도 없는 것이기에, 비취색 영롱함을 자랑하는 고려청자나 하얀 매화 꽃잎이 금방이라도 봉긋! 빙글 것 같은 청화백자보다 적어도 나에게는 훨씬 더 귀하고 소중한 보물이 아닐 수 없습니다.

생각해 보면, 살아생전 어머니가 남겨놓으신 유품이 어디 이것뿐 이겠습니까? 눈으로는 볼 수 없고, 한나절 두 손 더듬어도 만져지지 않는 아가페적인 사랑과 애틋한 그리움을 담뿍 남겨놓고 떠나셨습니다. 과분하리만큼 참으로 풍성한 유산에 배가 터질 듯이 부풀어 오릅니다.

　오늘도 나는 젖은 행주를 쥐어짜 항아리를 닦습니다. 표면에 튀어나온 옹기의 모래 돌기가 죽어가는 나의 손끝의 감각을 일깨우고 있습니다. 뚜껑 위 살포시 내려 덮인 낙엽 하나를 손등으로 밀어내자 살며시 가을바람이 기다렸다는 듯 그 빈자리를 채웁니다. 옛사람은 가도 그 온기는 머문 자리에 남아 다시 올 세대를 맞이하는 것일까요? 어머니의 젖은 행주의 촉촉함을 나와 질항아리의 전두엽이 기억하고 있습니다. 까마득하게 먼 훗날 나를 기억하는 누군가가 한 두어 명쯤 드레드레 있었으면 좋겠습니다. 드레드레……

　오늘따라 질항아리의 볼록한 아랫배가 유별나게 차갑습니다. 제대로 탈이 난 모양입니다. 저도 나처럼 누군가가 꽤나 그리운 모양입니다.

　허리를 반쯤 꺾어 항아리 안쪽에 얼굴을 처박고 내려다봅니다. 온통 투박하게 텅빈 밤하늘입니다. 그 흔한 별빛 하나 없는 어둠 속에서 재봉틀 바늘귀에 실을 꿰기 위해 돋보기를 더듬어 찾는 어머니의 마디 굵은 손가락을 봅니다. 축구공을 요리조리 굴리며 뛰댕기기 바쁜 작은형의 얼굴이 늦가을 홍시보다 더 빨갛게 익고 있습니다. 연탄불 위에 누렇게 달궈진 달고나에 별 모양 뽑기 틀을 꾹 누르고, 연신 침을 바르는 어린 누이동생의 혀끝에서 발그레한 수줍음을 봅니다. 어느 풍경인들 가슴속 데일 듯 뜨겁게 달구다 이내 타오르고 마는 드레드레 달보드레한 그리움의 대상이 아닐까요?

잠포록한 어스름 저녁입니다. 날씨가 제법 쌀쌀합니다. 보일 듯 말 듯 가냘픈 늦가을 햇살을 뜰 안으로 끌어당겨 잘 마른 솜이불처럼 포근하게 덮어줄 재주가 없는 나는, 있는 힘껏 손바닥을 펼쳐 쓰담쓰담 가까스로 두어 번 쓸어줄 뿐입니다. 그것이 지금 내가 할 수 있는 최선의 사랑입니다. 어린 나에게 어머니가 했던 그것을 흉내 내는 것조차 어림없는 일임을 이제야 조금 내가 알아버렸나 봅니다.

봄 뻐꾸기와 쑥버무리

 쑥 향이 짙다. 연한 잎을 골라 바구니에 담는 손이 쉴 틈이 없다. 이른 봄, 이때를 놓치면 구하기 어려운 녀석이다 보니, 아침 동이 트기 바쁘게 서둘러 밭으로 나온 어머니의 마음이 조급하다.

 뻐꾸기가 운다. 딱새 알 속에 탁란을 끝마친 어미 새의 울음일까? 아니면 그 어미가 보고 싶어 밤잠을 설친 새끼 새의 그것일까? 알 수는 없지만, 서글프다.

 부엌에는 이미 커다란 찜기 하나가 나와 있다. 평상시에는 별반 쓸모가 없어 실랑 위 가장 구석진 곳에서 늘 실뱀처럼 꽈리를 틀고 뒷방 마님 행세를 하던, 오도카니 앉아 있던 녀석이 오늘만큼은 때깔 좋은 새 옷으로 정갈하게 갈아입고, 다소곳하게 뒤돌아 앉아 있는 어머니의 등을 쏘옥 빼닮았다.

 어머니는 참 고왔다. 전북 김제 금산사 자락에서 태어나 일찍이 문맹을 탈피한 아버지 밑에서 글을 배우셨다고 했다. 그 마을 모든 사람들은 그 아버지를 '훈장님'이라고 불렀고, 어머니는 '훈장님의 딸'로 어린 시절을 살았다.

외양간 황소가 아침이면 여물을 먹고 연신 되새김질에 하루해가 저물었고, 가을이면 넓은 마당 한가운데에 붉은 고추가 널려 있어 온종일 햇볕에 태닝을 했다. 창고 안 가득한 쌀가마니에서 새어 나오는 벼 이삭 검부러기 향기가 넓은 뜰을 구수하게 가득 채웠으니, 매년 봄 보릿고개 때 지천에 깔린 쑥쯤이야 마을 사람들 눈에 들 리가 없었겠다.

할아버지는 어머니를 여느 집 사내아이 못지않게 귀하게 여겨 일찌감치 한글과 한문을 깨우치게 했고, 고운 얼굴만큼이나 보다 더 말쑥한 여인으로 성장해 가길 바라셨다. 탁란을 모색하는 뻐꾸기의 속마음이 그러할까? 후미진 시골 동네, 무리지어 다니는 한 무리의 동네 사내아이들 틈바구니 속에 유독 반짝이는 한 소녀가 있었으니, 그런 훈장 아버지의 깊은 뜻을 누가 짐작이나 할까?

하지만, 늘 호기심 많고 말 많은 개구쟁이 동네 꼬마 '순이'의 삶을 더 사랑한 어머니는 진득하게 엉덩이를 깔고 앉아 할아버지가 건네주신 이런저런 책들을 읽기보다는, 들로 산으로 뛰어나가 쑥, 고들빼기, 뽀리뱅이 같은 것들을 한 바구니 가득 들고 돌아오기 일쑤였다. 그중 제일 많은 것은 쑥이었다.

마치 봄바람 난 어미 뻐꾸기처럼 가만히 앉아 있기를 거부한 어머니. 그런 딸을 둔 훈장 아버지는 '애야, 시집이나 가서 잘 살아라.' 하고는 열두 살 어린 나이의 어머니를 멀리 타지他地로 보내실 결심을 하셨고, 풍족했던 고향 땅 그 아버지의 순수하고 간절한 소망을 어머니는 상실하고 말았다.

서둘러 부엌으로 들어온 어머니가 서둘러 쑥을 씻는다. 아직 살아 꿈틀대는 생명이 싱그럽다. 모든 살아있는 것은 싱싱하다. 사람도 식물도 젊은 날의 파릇했던 추억에 취해 남은 생을 예언하지 못한다. 아직도 봄밭 풀숲을 기억하는 푸른 쑥이 밍밍한 찬물에 담겨져 있다. 무미무취無味無臭 밋밋한 노년의 삶에 아마도 눈물을 흘리고 있을지도 모르겠다.

체에 받쳐진 쑥이 마지막 눈물 한 방울을 닦고 건조한 눈빛으로 어머니를 바라보고 있다. 소금을 뿌린다. 인정사정人情事情이 없다. 이미 죽어 생기 없는 쑥의 사정을 돌볼 만큼 마음의 여유가 어머니에게는 없다. 체에 내린 쌀가루가 흰 눈처럼 소복이 죽은 쑥 위에 덮이고, 애도처럼 위로처럼 달콤한 설탕이 흩뿌려진다. 죽은 자를 위하여 행해지는 최소한의 예의. 어머니의 마지막 축문이 다 읽히고, 짧은 순간 내 두 눈을 통해 스며드는 쑥 내음이 달달한 허기를 돋게 한다.

가난은 늘 급하다. 인정사정 볼 틈도 없이 죽은 자를 쉽게 외면한다. 아직 살아있어 꿈틀대는 산 자들이 둥지 속 작은 새처럼 입을 크게 벌리고 우르르 모여 있다. 어머니는 그런 자식들 속에서 유독 키가 작고 체구가 조막만 한 어린 나에게 설익은 쑥버무리의 진한 향기를 알려주었다.

베보자기에 싸라기 묻은 쑥이 놓이면, 뒷일은 오로지 찜기의 손맛에 달렸다. 그때는 어머니도 부엌 한쪽에 쭈그리고 앉아 오롯이 혼자만의 시간을 갖는다. 명상의 시간이다. 푹푹 찌는 인고의 시간에 동참할 위인은 세상에 없다. 찜기는 이제부터 혼자만의 고독한 사명에 충실해야 한다. 뜨거운 열기를 세상 가장 날카로운 칼로 한나절 쉼 없이 잘게 썰어 입자 고운 수증기를 만들고, 뱃속에 품은 소중한 작은 생명의 재탄생을 위해 그 따뜻한 사랑을 조금씩 토해내어야 한다. 젊은 날 긴긴 세월 어머니가 그렇게 행동하며 살아왔듯이, 지금 내 앞에 켜켜이 놓인 삶의 1막 2장을 나 또한 그렇게 채워가야 할 것 같다.

 세 시간이 삼 년 같다. 뱃속 가득 쑥버무리를 품은 찜기가 장고의 세월, 오열과 눈물 속에 서너 번쯤 질곡을 넘었다. 그 사이 어머니는 끊임없이 그 곁을 지켰고, 나는 깜빡깜빡 쏟아지는 벼룩잠에 신음을 했다. 수북이 눈 덮인 쑥버무리가 포근하다. 따뜻한 김이 깊은 산속 운무雲霧를 닮았다. 신산辛酸한 삶을 헤집어 나온 어머니를 쏘옥 빼닮았다. 긴 겨울의 터널을 뚫고 피어난 한 송이 매화꽃이 아름답다.

 잘게 짓이겨진 소금기 가득한 삶의 짠맛이 녹아드는 달콤함이 고운 향기로 나에게 달려온다. 어디선가 탁란을 마치고 뒤돌아서 날갯짓을 하는 어미 뻐꾸기의 울음소리가 들리는 것 같다. 왈칵 삼켜버린 쑥버무리 한 줌에서 그 옛날 어머니의 달달한 살 냄새가 난다. 아직도 어머니가 쑥 향 가득한 부뚜막에 앉아 어린 나를 바라보고 있는 것만 같다.

 고향 집, 쌀알 위 자꾸만 작아져 가는 향불 옆에 말쑥하게 잘 생긴 향을 한 개 더 꽂아 놓고 잠시 먼 산을 바라본다. 조금 전 날아간 뻐꾸기의 뒤꽁무니가 가늘게 한 줄 봄바람을 일으키고 있다.

[노계문학 백일장] 제7회 입선

낙엽 위에 서다

'ㅏ'와 'ㄹ'의 절묘한 화음 때문일까? 가을, 참 양지바르고 리듬감 넘치는 계절이다. 그런데 왜 '가을'이라고 하면 '쓸쓸함, 외로움' 따위의 그늘진 감정이 먼저 밀려오는 것인지……

어딘가 숨어 있을 그 메마른 가을의 배태를 더듬어 본다. 하지만, 아무리 한참을 생각해 보아도 고개만 갸우뚱거릴 뿐 자신 있게 확언치 못하고 만다. 누구도 선뜻 나서 말할 수 없을 바에야, 그저 그냥 내가 지금 외로운 까닭이라고 말해두자. '가을'이라는 두 글자 앞에 '늦'을 더하면 풍요롭고, 감사한 감정이 자연스레 드는 것 또한 그 무렵 고향 어귀 감나무 가지 끝 홍시 우러르는 그러저러한 내 마음탓이라고 우겨두자.

나는 '가을'이라는 두 글자를 생각할 때마다, 억지로라도 '쓸쓸함, 외로움'이라는 궁핍한 뜻은 윗목으로 밀어내고, 늦가을의 '풍요로움, 감사함'이라는 넉넉한 호흡을 끌어당겨 자꾸만 안으로 안으로만 향하는 좁은 가슴속에 가져다 놓으려 애쓰곤 한다. 지금 내가 그러한 시절 위에 올려져 있다고 나 스스로 주장하고픈 마음일 테다. 기왕지사 피할 수 없다면, 구질구질하게 굴지 않고 당당하게 마주 하고픈 의지일 테다. 맞닥트려 살아갈 나의 하루하루가 우울하기보다는 즐겁고, 아쉬움으로 남기보다는 설렘과 희망으로 가슴 뛰기를 바라는 소망일 테다.

세상에 태어나 종종걸음으로 시작한 인생길이, 호숫가 둘레길을 반 이상 돌아 본향이 멀지 않을 때쯤 껑충껑충 뜀박질로 바뀌기 시작했다. 가끔은 숨이 차올라 허덕거리기도 했고, 쉼 없는 갈등에 행여 길이라도 잃을까 봐 노심초사 애태운 날도 많았다. 그것이 내 고단했던 과거의 인생이다.

오늘 나는 내 모든 시신경을 곤두세워 떨어지는 나뭇잎을 부러 피해 조심조심 걸어가려 한다. 낙엽은 삽상하고, 그래서 늘 안쓰럽다. 그것은 혹독했던 내 유년이 응축된 흔적이요, 약해진 시력만큼 흐릿해진 기억의 편린이기 때문이다. 나는 그 조각난 흔적과 추억들을 나 스스로 짓밟고 일어설 객기가 없어 한동안 제자리를 맴돌 뿐이다.

나뭇잎이 진다. 생로병사生老病死, 그 위대한 진리 앞에 나는 무릎을 꺾고 만다. 하지만, 어찌 인생을 그런 소심한 생각만으로 살아낼 수 있을까? 10월의 마지막 날이 채 오기 전, 발밑에 떨어져 쌓이는 박눌한 나의 낙엽을 용기 내어 지려 밟는다. 피할 수 없다면 거쿨지게 맞서자! 과거의 나를 부인하고 부딪혀 이겨내자는 신념이, 그런 나의 아집이 낙엽 위에 나를 세운다. 발밑에 연신 깔리는 낙엽이 여전히 측은해 보일지라도······

낙엽의 색깔을 헤아려본다. 어떤 것은 붉고, 어떤 것은 노랗다. 붉음과 노랑도 다 같은 것이 아니어서 확연한 농도의 차이가 있다. 같은 때 같은 곳에 어울려 머물지라도 서로가 느끼는 시공간이 사뭇 달라 제각각 다른 과거를 주억거리며 추억하듯이, 낙엽도 저마다의 철학을 지녔다. 어떤 것이 진정한 의미의 단풍일까, 어떤 삶이 과연 올곧다 말할 수 있는 철학일까 생각해 본다. 붉음을 천박하다, 노랑을 속 좁다고 고집스럽게 주장하기도 멋쩍다. 단순히 퉁쳐 적색 혹은 황색이라 말해버리고 말기에는 과거란 너무 다채롭다. 나 또한 적잖이 천박하고, 속 좁고, 멋쩍게 화려한 과거를 지나왔다.

  일물 일색一物一色 아니듯이, 나는 오늘도 나의 색을 바꿔 입으려 한다. 독특함을 갈구하고, 개성을 회복하며, 대중 속에 매몰되지 않은 나만의 문학 작품을 쓰겠다고 아등바등 몸부림치고 있는 지금 나의 모습을 '그래, 당신 참 고운 가을 낙엽이었어!' 라는 과거형으로 툭! 손쉽게 전지적 작가 시점에서 말할 수 있는 미래가 있기를, 그런 생각을 하는 지금의 나를 충분히 이해하고 위로해 줄 줄 아는 마음 따뜻한 계절을 맞이할 수 있기를 소망한다.

  잠포록한 가을이 깊어가고 있다. 날이 차가워지면 활발히 활동하던 잎에 엽록소가 줄어들고, 대신에 나뭇잎 본연의 색소인 카로티노이드와 안토시아닌이 나타난다. 전자가 노란색과 주황색으로, 후자가 빨간색과 보라색으로 낙엽의 존재를 알린다는 사실을 아는 사람은 별로 없을 것이다. 본디 나뭇잎의 색이 봄여름 왕성한 초록이 아닌, 해 질 무렵 노을빛 계열의 그것이라는 사실이 새삼 당혹스러우리만큼 큰 위안을 준다.

젊은 청춘의 푸른빛이 내 생의 처음 빛이라 여기며 살아왔다. 하여 초록이 점점 멀어지면 불안해하고, 안타까워하고, 슬퍼하면서 좌절하기도 했다. 낙엽 위에 선다. 발아래 깔린 낙엽을 내려다본다. 나의 가을이, 지나온 나의 과거가 온몸을 뒤틀면서 아우성이다. 거뭇빛 피를 토렴하느라 분주하다. 붉은빛이 완연하다. 마주한 나의 빛이 참 곱상한 태초의 그 초록빛을 살찌우고 있음을 일깨우는 계절이다.

자발없이 연달아 발밑에 몸을 낮추는 나만의 낙엽이 허허롭다는 생각조차 억지로라도 버리려 한다. 겨우 손바닥만 한 이파리에 깊숙하게 배어있는 '풍요와 감사'의 마음만을 몬존하게 끄집어내어 바라보려 애쓰는 내가 한없이 안쓰럽다는 생각 또한 부인하려 한다. 지금은 오롯이 포근하고 리드미컬 한 '가을'이기 때문이다. 'ㅏ'와 'ㄹ'의 절묘한 조화. 참 고운 나의 가을이 몽글게 깊어가고 있기 때문이다.

이제부터 나시 시작하는 거다! 떨어지는 나뭇잎 위에 서서.

초가을 단상

불에 달군 맷돌 같은 태양이 가뭇없이 빛을 잃을 때쯤, 부지런한 농부가 흘린 땀방울이 논틀길을 타고 넘어 호숫가 깊은 곳에 가닿을 때쯤, 가을은 그제야 자울자울 자욱했던 안개를 걷어내고 앙증맞은 벼 이삭 위에 누런 쌀알 꽃 몇 알을 내비친다. 하지만 그 일련의 움직임이 너무 정숙해, 일미칠근 一米七斤, 농부의 땀 따위는 쉽게 잊게 하고, 그것이 터무니없을망정 자연스러운 질서임을 알면서도 내심 무슨 마음에서인지 발을 동동거리게 한다.

가을은 매질하던 백 일간의 한여름 산통을 끝내는 날이다. 살짝 뒤돌아 하나 둘 주섬주섬 옷을 갈아입는 모습이 마치 오랜만에 동네 마실을 나서는 아낙네처럼 조금은 들떠 보이면서도 가지런하다고 느끼는 것은, 아마도 저 호젓한 시골길 때문일 것이다. 창포에 머리를 감고, 방금 참빗으로 가르마를 탄 듯 반듯한 길가에 알록달록 코스모스가 꽃을 든 아이처럼 줄지어 서 있다. 아직은 누런빛이 서먹서먹한 논을 발치 아래 펼쳐 두고 성급히 한 잔의 술을 따른다. 범절 없이 취해버리기엔 아직 이른 시간, 저녁이 멀다. 멋모르게 서툴러 푼푼한 봄꽃 향기도, 천박하게 후한 여름꽃 향기도 아닌 그저 조금은 경건한 듯 차분하고 가득 채우면서도 돌아보면 꽉 차지 않은 가을꽃 향기를 안주 삼아 들이킨다.

한 모금 옆구리로 삐져나온 햇살에 시저리로 피어나는 꽃처럼 주책없이 흥이 솟는다.

  물버들 둘레길을 따라 걷는 낯선 사람의 발걸음에서 또각또각 스틱 소리와 함께 사각사각 댓잎 부딪치는 소리를 듣는다. 한바탕 벌써 어디선가 가을을 묻히고 왔는가 보다. 오종종하게 박힌 어린 은행나무 알갱이에서 옛 시인이 노래한 칠월의 고향 집 그 청포도 맛을 본다. 나의 뜰에도 올가을에는 파랗게 샤인 머스캣이 달리겠지. 벗갠 하늘을 단박에 치오르는 고추잠자리가 톡! 하는 소리와 함께 한 칸 더 높은 하늘로 난다. 조만간 필연코 풍년이 들리라.

  이 모든 풍경이 낯익어 주섬주섬 주워 담는다. '가을'이라는 이름표를 달고 가슴속 나의 선방에 가둬둘 요량이다. 잎이 지고, 색이 바래고, 향기마저 그 맛을 잃을 때면 두고두고 하나씩 꺼내어 맛보고, 냄새 맡고, 문지르고, 때로는 주체할 수 없는 감정에 흐느끼다 눈물 한 방울쯤 떨궈도 괜찮겠다. 격하게 홰치던 물닭이 수평선 붉게 물드는 노을빛에 껌뻑! 기가 죽는다. 아직은 젖은 날개다. 이대로 잠들 수는 없다. 축축한 손등으로 허사로이 흐르는 눈물을 훔쳐내도 소용이 없음을 안다. 다음 날 일찍감치 떠나야 할 어제의 고향임을 붉혀듯 깨닫는다. 성급히 한껏 욕심을 내어 그리워해도 좋을 가을이다. 그리워 잠 못 드는 밤 멀지 않았음을 알기에, 이 계절 달뜬 현재의 고향 앞에서 마땅히 되돌아가야 할 또 다른 미래의 고향, 태초의 그곳으로 천 길 항로를 모색하는 나는 누구인가?

질곡을 빠져나온 민달팽이 한 마리가 고추밭 빨갛게 익은 매운맛을 알까? 저녁답에 홍조를 띠고, 오종종한 얼굴로 곰살맞은 해바라기 밑을 걷는다. 태초에 갈바람이 시작된 곳, 여울지는 사색의 뿌리 같은 나의 방을 찾아 기어들어가고 있다. 가을은 느림보, 바보 천치들의 계절이다. 해설피 맞았으니 해설피 보내고픈 나만의 욕심은 접기로 한다.

　누구보다 격하게 가을을 만끽할 생각이다. 이제 막 시작된 가을이 달콤한 사색의 향기 흩날리며 자꾸만 혼자만의 밀애密愛를 서둘러 꿈꾸게 한다. 저도 먼 훗날 북풍한설北風寒雪 저만치 달려올 때, 제풀에 지레 놀라 아니 온 듯 사라질 운명임을 알기라도 하는 걸까? 철삿줄처럼 가늘고 녹슨 숨조차 그저 아무런 의미 없이 허투루 내뱉기가 아까워, 호흡을 잠시 멈추고 한동안 죽은 듯이 멍할 수밖에 없는 마음을 알까?

　지금 나에게, 뉘 있어 가까이 다가와 주면 좋겠다. 가을 속에 풍덩 빠져 죽을 마음에 한껏 흩날리는 나의 한쪽 소매 끝을 끌어당겨 살포시, 조금은 나보다 더 차분한 마음 내비치며 끌어안아 줄 한 사람을 기다린다. 아뿔싸! 가을이 먼저 알고, 발맘발맘 걷다가 어느새 또각또각 잰걸음으로 뛰기 시작했다.

언어言語 캐기

비를 긋는 한 소년이 있었다. 조붓한 골목길, 거무튀튀 빛바랜 처마 밑, 오뉴월 달구비에 잔뜩 움츠러든 어깨를 감싸 안은 채 몇 분 동안 꼼짝도 않고, 입으로는 파르라니 떨리는 그 작은 입으로는 연신 어느 한 시인의 시를 오물거렸으니, 그 시절 시인은 아리잠직한 소년을 온전히 감쌀 만큼 너그러웠고, 포근했고, 그런 까닭에 소년은 배부를 수 있었다. 그리고 끝끝내 그는 혹은 그녀는 하나의 그리움이 되었다.

그 사람이 서정성 깊은 '진달래꽃'의 김소월이었는지, 그보다는 세련된 '모란이 피기까지는'의 김영랑이었는지 아니면 좀 더 묵직한 '님의 침묵'의 한용운이었는지까지는 아득히 먼 이야기라 온전히 기억할 수 없지만, 철 지난 신문지 덕지덕지 달라붙은 유년의 집 천정을 뚫고 주룩주룩 떨어지는 빗물에 흠뻑 젖은 솜이불처럼 혹은 잃어버린 단 한 장의 흑백 가족사진처럼 영원히 간직할 수 없지만, 그렇다고 영영 잊을 수만도 없는 그리움인 까닭에, 이렇게 연신 비가 주룩주룩 내리는 날이면 연두 빛깔 선명한 잔디처럼 생생한 나의 유년의 시인들은 시도 때도 없이 톡톡 터지는 한여름 밤 폭죽처럼 불쑥 나타나 잠시 잠깐 나를 여짓거리게 한다.

오늘도 나는 캐고 있다. '캔다.' 라고 하기보다는 그냥 '얼는다. 혹은 주워 담는다.'라고 하는 말이 좀 더 솔직하고 적확한 표현일 것 같다. 차 한 잔을 옆에 두고, 세상 누군가의 아무런 훼방도 없이 그저 그냥 넘길 수 있는 종잇장이 이토록 새털처럼 가벼울 수가 없다. 힘들여 캐던, 별로 큰 힘 안 들이고 얻던 줍던 그 행위의 난이도와 상관없이 마지막 장을 넘기는 그 순간 가슴속에 남는 수확물들, 그 조탁彫琢된 언어의 카타르시스에 쿵쾅쿵쾅 널뛰는 맥박 소리를 듣기도 한다. 어느 날엔가는 '와우~ 어떻게 저런 표현을!' 하는 탄성과 함께 극기야 미쳐버리기도 했으니……

김주옥 작가의 장편소설 [천 개의 바람이 되어]에서 '해지, 너테, 표조, 또바기' 같은 비교적 짧은 말들과 '주억거리다, 아리잠직하다, 핍진하다' 같은 긴 말들을 캐내어 바구니에 담는다. 휴일, 하루하고도 반나절 넘게 꼼짝 않고 단숨에 읽어나간 수고 끝에 얻은 수확물. 그 생경한 동심童心의 언어를 빼곡하게 적어놓은 손바닥만 한 바구니 같은 메모지를 바라보면서 흡족한 듯 미소를 짓고 마는 나의 모습이 어린아이스럽다.

권여선 작가의 [사슴벌레식 문답]에서 '경도傾倒, 기제機制, 결락缺落' 같은 비교적 보기 힘든 한자어를 주워 담는다. 젊은 여성작가의 현대적 감각의 단편소설에서 고릿적 곰방대를 터는 할아버지의 담배 냄새가 난다. 이종의 언어들이 부조화인 듯 조화롭다. 시놉시스의 단조로움을 압도하는 네 명 친구들의 '~든' 식의 수다가 어떻게든 정겹게 느껴진다. 우리 모두는 저마다의 좁은 방에서 빠져나와 어디로든 나아가야 할 한 마리 사슴벌레 같은 존재가 아닐까? 잠시 나를 되돌아본다.

 구병모 작가의 [있을 법한 모든 것]에서 '무람없다, 조야하다, 너나들이하다' 같은 한글 말과 '클리셰cliche, 마초 macho, 컨시어지concierge' 같은 조금 낯선 남의 나라말을 얻는다. 시대가 시대이니 만큼 네 나라 내 나라 따질 게 없는 걸까? 전 세계를 관통하는 언어의 힘을 느낀다.

 책을 읽는 동안 세상은 온통 고요한 호수가 된다. 65dB(데시벨)의 소음 같은 언어의 밑줄을 따라 유영하는 작은 물고기 떼들. 흰 여백 속 뭉게구름 한 점. 너풀거리는 물버들. 살아 존재하는 모든 것들의 생각도 말도 그 어눌함을 벗어던지고 맑고 투명한 진리의 호수에 빠져들고 마는 저녁녘, 나는 조갈燥渴난 가슴을 밧줄에 묶어 고요한 호수 속 침잠해 있는 환희를 두레박질한다.

 밭은 숨을 차분히 가라앉히고 찬찬히 책을 바라보면, 잔잔한 수면 위에 떠 있는 큰 산의 물그림자를 발견하게 된다. 아까는 보이지 않던 세상의 참모습이 조금씩 눈에 들어온다. 한 글자 한 글자 낯설지만 금방 친해지고 마는 마법 같은 언어들이 가지런한 문장의 틀 속에서 한가로이 노니는 모습을 바라보는 것만으로도 절정의 행복감을 느낀다. 잘 짜진 구조에 잘 다듬어진 오종종한 언어들에서 맛볼 수 있는 탄탄함이 자칫 갸우뚱거리며 한쪽으로 기울어지려고만 하는 내 문학의 정신세계에 균형추를 맞춘다고나 할까.

 이쯤 되면 맹자의 인생삼락에 '독서'를 제4일락으로 추가하고 싶다는 양주동 박사의 말에 이의를 달 이유가 없겠다. 희붐한 아침에 머릿속 수많은 언어의 숲에 둘러싸인 호수 위를 둥둥 날아다니는 한 마리 학 같기도 하고, 노을 무렵 나풀거리며 떨어지는 한 장의 붉은 나뭇잎 같기도 한 언어의 편린이 이토록 확연히 아름다울 수가 없다.

 어릴 적 몽당연필을 깎아 '가나다라' 한글을 깨치고, 김소월, 한하운, 김영랑 같은 위대한 시인들의 이름을 알게 되면서 아름아름 사춘기를 앓았다. 그 대상이 남자이건 여자이건, 잘생겼건 못생겼건 그런 것 따위는 중요하지 않았다. 오직 시와 문학을 사랑하는 마음 하나면 족하다는 일념으로 배불렀던 문창 시절…… 그리고 나는 일찌감치 철이 들고 말았다.

> 산에는 꽃 지네 꽃이 지네
> 갈봄여름 없이 꽃이 지네
>   ~ 김소월 [산유화] 중에서
>
> 보리피리 불며
> 봄 언덕 고향 그리워
> 피-ㄹ 닐리리
>   ~ 한하운 [보리피리] 중에서
>
> 보드레한 에메랄드 얇게 흐르는
> 실비단 하늘을 바라보고 싶다
>   ~ 김영랑 [돌담에 속삭이는 햇발같이] 중에서

 그때 그 시절 내가 사랑한 언어들을 생각한다.
 김동인 [배따라기]의 언어들. '풀어음, 연연하다, 흔흔

하다'

  전용택 [화수분]의 언어들. '졸연하다, 여북하다, 아창아창'

  염상섭 [표본실의 청개구리]의 언어들. '제행무상諸行無常, 일간두옥一間斗屋'

  김유정 [봄봄]의 언어들. '벙벙하다, 깨박을 치다, 까실르다'

  이들은 하나같이 어렵다. 그래서 멀리 있다. 저 멀리 달나라 토끼가 매일 밤 내려다보는 한 점 좁쌀 같은 지구라는 별 한 모퉁이에, 홀로 멍 때리고 앉아 있는 사춘기 한 소년이 그러하였듯이……

  무수히 많은 책들과 그 글을 쓴 옛 작가들의 언어는 모두가 촌스럽지만 아름답다. 몇 날 며칠 혹은 몇 년에 거쳐 다듬고 매만져 탄생시킨 그들의 언어가 반질거린다. '아, 아득히 먼 숭고함이여!' 그 고뇌의 시간과 간절한 소망을 내 어찌 다 헤아린다고 말할 수 있을까?

  처음 작품을 대할 때 느끼는 낯섦에서 오는 오싹함. 그 끝에 충돌하듯 느닷없이 찾아오는 반가움. 사춘기 시절 짝사랑이 둘만의 오붓한 사랑으로 변화하는 진화이 과정을 어찌할 바 몰라 까만 밤 하얗게 지샌 날들이 까마득히 멀게만 느껴진다.

  '아름답다'라는 표현보다 '예쁘다'라는 말이 나는 좋다. 왠지 가식 없고 솔직한 느낌이 들기 때문이다. '모두 다'라는 말보다 '죄다' 라는 말이 좋다. 흡사 사투리 같은 말이 좀 더 정감 있고 풍성한 느낌이 들기 때문이다. 왜일까? 촌에서 태어나 젊은 시절 도시에서 살다가, 지긋이 나이 들어 본향으로 되돌아온 몸에 배어있는 촌스러움이 나의 언어에도 적나라하게 스며있는 것일까? 나는 겨우 61kg 작은 몸에 애타게 축적된 나만의 원시적인 언어의 들꽃 같은 느낌을 사랑한다. 마당보다는 '뜰' 이, 친구보다는 '벗' 이, 새벽 무렵보다는 '새벽녘' 이, 가을바람보다는 '갈바람' 이 그리고 어머니보다 '엄마' 가 더 쓰기 편한 것도 아마 그런 까닭이 아닐까 싶다.

   나는 늦가을 낙엽이 떨어져 내려앉은 집 앞 벤치를 바라보면서 한 장 한 장 손가락 끝으로 조심스럽게 수필집 첫 장을 넘길 때 새어나오는 종잇장의 가냘픈 신음소리를 좋아한다. 초봄 갓 피어오르는 싱그러운 꽃송이에 살포시 달라붙은 옅은 봄 햇살 위에 번지는 작달막한 시집의 연둣빛 잉크 냄새의 퀴퀴함을 좋아한다. 예쁜 척 잘난 척 아는 척하지 않는 솔직 담백한 소리를 타고, 혹은 긴 사연 번잡스럽게 풀어놓지 않아도 마음속 모든 것 온전히 알아듣는 함축된 냄새를 타고 대시dash하는 언어의 유희. 그 거부할 수 없는 젊은 유혹에 미친 듯이 빠져드는 뜨거운 밤을 나는 좋아한다.

   한여름 더운 열기만을 뿌리는 선풍기 앞에서 연신 흐르는 땀을 닦으며 읽는 대하소설의 끈끈한 열정을 사랑한다. 추운 겨울 눈 내리는 호수 위에 잔뜩 웅크리고 떠 있는 어린 새의 모습을 가슴 아린 시선으로 바라보는 어미 새의, 그 어미 같은 엄마가 읽어주었던 동화책을 사랑한다. 그 속에 듬뿍 담겨있는 언어의 뜻을 무엇이라고 감히 말할 수 있을까? 기쁨, 희망, 사랑? 그것만으로는 부족하다. 말로써 전하지 못하는 무언가가 그녀에게는 있다.

　오늘도 나는 나만의 언어를 캐고 있다. 몇 시간째, 낡은 책상 위에 올려놓은 네다섯 권의 책을 읽으면서 그 속에 알알이 박힌 에메랄드빛 영롱한 사랑의 언어를 읽고 있다. 책은 눈으로 읽는 것이 아니라 마음으로 바라보는 것이라고 했던가? 새삼 사람들 사이에 오고 가는 아가페적 사랑에 굶주린 어른처럼, 어미젖 떼기 싫어 본능적으로 바동거리는 갓난아이처럼…… 그렇게 여전히 나는 배고프다.

일월의 어떤 종種

눈 비비며 거실 창밖을 내다본다. 새삼 특별할 것 없는 아침 풍경이다. 호수가 있고, 새가 있고, 물안개 너머로 낮은 산이 있다. '자기 집 거실 창문을 통해 제일 먼저 산꼭대기가 마주 보이는 집에 당신이 지금 살고 있다면, 재물 운이 있을 것이다.' 는 어느 선사의 예언, 굳이 근거를 밝히지 못한 그 뜬금없는 이야기가 산정 위에 희뿜하게 떠 있는 달항아리와 겹치듯 봉긋! 떠오른다.

'그래, 그랬으면!' 하는 충동을 지금 내가 느끼는 것은, 내가 그런 허언을 신봉할 만큼 옛사람이거나 구세대적 사고의 소유자이기 때문은 아닐 것이다. 그렇다고 말하기에는 내 육신의 나이는 아직 많지 않고, 정신적 그것 또한 여전히 젊기 때문이다. 그렇다고 그런 유의 말 한마디에 마음이 혹할 만큼 경제적으로 당장 어렵거나, 물질적으로 다급한 상황에 처해있기 때문도 아닐 것이다. 지금 나의 시골 생활은 물질적으로 무척 여유롭지는 못하지만, 그리 나쁘지만은 않기 때문이다. 그렇다면 그 충동의 배태는 무엇일까?

냉장고 옆 자투리 벽에 걸어 놓은 3단짜리 새 달력에서 반질반질 윤이 난다. 들부드레한 들기름 냄새가 배어난다. 갓 볶아 향기 요란한 참기름 냄새가 진동을 한다. 시금치 콩나물에 고추장 한 숟가락 넣고 쓱싹 비벼 한 입 크게 몰아넣던 젊은 시절 왕성했던 식욕이 새로 난다. 그래, 오늘이 새해의 첫날인 탓이라고 말해두자. 그런 까닭에 그저 조금 마음이 싱숭생숭해진 탓이라고 얼버무려 말해두어도 괜찮겠다.

성에 낀 테라스가 새하얗게 반짝거린다. 아직 가늘고 엷은 귀밑머리 같은 털옷을 입은 하늘이의 털빛이 누렇다. 오밀조밀한데 모인 이목구비가 절로 웃음을 자아낸다. 앉았다 이내 드러눕는 모양새가 퍽이나 자연스럽다. 뒷발을 길게 뻗어 발끝이 테이블 다리에 닿는 것으로 보아 저도 나만큼 이 집이 편안한가 보다. 포갠 앞발 위에 턱을 받친 채 지그시 눈을 감는 모습으로 보아 어젯밤 꽤나 추웠나 보다. 저도 나처럼 밤새 잠 한숨 못 자고 이리 뒤척 저리 뒤척거렸나 보다. 어젯밤 하늘이는 제 집에서 무슨 생각을 했을까? 나는 무슨 생각에 골똘히 빠졌었기에 뒤늦은 새벽녘 비몽사몽 뒤뚱거리고 있는가?

하늘이는 진돗개 믹스다. 태어난 지 아직 6개월도 채 안 된 어린 강아지이다. 우연히 내게 와 품에 안긴 지 5개월쯤 된 반려견이다. 뭐든 물고 뜯고 헤치며 노는 모습이 개구쟁이 사내아이의 그것과 중첩된다. 어릴 적 내 모습도 그러하였을까? 기억할 수도 없고, 붙들고 물어볼 사람, 어머니도 이제는 곁에 없으니 알아낼 도리가 없으니 그저 나 혼자 '그러했으려니!' 여기고 만다. 마음 한구석 밀려오는 허전함은 애써 밀쳐두고……

사람과 강아지의 공통점은 저나 나나 숨탄것이라는 것이

다. 차이점은, 굳이 차이점이 있다면 사람은 집안 거실에서 산을 보고, 강아지는 마당에 있는 제 집 안에서 산을 보면서 하루하루 살아간다는 것뿐이다. 거실서 산을 보나 마당서 산을 보나 그 산이 그 산인데, 하나는 사람 다른 하나는 강아지라고 달리 불리니 참으로 용인하기 어려운 종種의 구분이 아닐 수 없다.

누구든지 바라보는 산이 같다는 것은 삶의 지향점이 같다는 것이다. 나는 앞산을 보면서 한 잔의 커피를 마신다. 하늘이는 개껌을 씹으면서 산을 본다. 나는 산을 보면서 한 편의 시詩를 짓고, 하늘이는 포롱거리는 참새 떼를 향하여 짖으면서 노래 아닌 노래를 부른다. 커피를 마시고 시를 짓는 것이나 개껌을 씹고 합창을 하는 것이나 그 속내는 매한가지가 아닐까? 서로 말이 통하지 않으니 그 생각까지는 알 수가 없다. 생각을 알 수 없으니 나는 행동으로 그 종種의 마음속을 들여다본다.

지난 12월 3일에 비상계엄이 선포되었다. 한 나라가, 하나의 종種이라고 여겨왔던 민족이 여당과 야당, 우익과 좌익이라는 기준을 푯대 삼아 둘로 갈라진 채 서로 헐뜯고 싸우는 모습을 목도하면서 진정한 종種의 의미와 그 존재 가치를 생각지 않을 수 없다.

종species의 사전적 의미를 생각해 본다. 종種이란 생명 분류 9가지 단계 중에 가장 낮은 단계로서, 교배가 이루어지고 그 자손이 대대로 유지되는 집단으로 구분하는 생물학적 종種과 형태적 특성에 따라 구분하는 유형학적 종種 그리고 생물의 진화를 기준으로 구분하는 계통학적 종種 등 매우 다양한 개념으로 설명되고 있다. 한마디로 인류가 생물을 인식하는 가장 기본적인 단위라고 말할 수 있겠다. 하지만, 나는 그 모든 통속적인 종種의 개념을 거부한다.

같은 종種끼리 어쩌면 저렇게 서로 다를 수가 있을까?

종種을 달리하는 것끼리 마주 보는 산이 같다면, 훗날 예언처럼 재물 운마저 같을 수 있다면, 어찌 그들을 다른 종種이라 나누어 말할 수 있을까? 생물학적, 유형학적, 계통학적 종種의 개념만으로 이 모든 현실을 온전히 설명할 수 있겠는가? 최초에 하느님이 만들어놓은 숨탄것에 대한 인간의 자의적인 구분법이 얼마나 이기적이고 오만한 것인가 생각해 본다. 인간이 세상의 모든 살아 움직이는 것들을 지배해도 되는 것인가? 언제부터 인간에게 그런 권리가 위임된 것인가? 하필 나는 왜 인간인 것인가? 그리고 하늘이는 무슨 이유로 강아지인 것인가?

거실 밖에 머물러 있던 산이 호수 수면 위에 길고 또렷한 그림자로 가깝게 다가온다. 일월의 풍경은 영하 7도쯤에 머물러 있지만, 산이 있는 일월은 고즈넉하고 따뜻하다. 산이 일월의 냉기를 끌어안아 살포시 녹여주기 때문이다. 인간도 산이 되어야 한다. 나도 가끔은 산처럼 누군가 끌어당겨 거뜬히 안을 수 있는 가슴 넓은 사람이고 싶다. 보슬보슬 흰 눈까지 흩뿌려 온통 새하얀 옷으로 온갖 것들을 갈아입히는 대자연의 위엄까지는 아닐지라도, 가벼운 포옹만으로 내가 가진 온기溫氣를 달란트talent로 전할 수 있다면 그 또한 충분히 위엄 있는 사랑일 것 같다.

 매섭게 불어오는 바람에, 냉정한 현실의 이러저러한 문제에, 냉혹한 동토凍土의 정情에 파르라니 떨고 있는 누군가가 있다면, 그 등줄기에 송골송골 땀방울을 흘러내리게 할 만큼 자애롭지는 않더라도, 으슬으슬 맺힌 한기寒氣 정도쯤 지워줄 수 있는 정 깊은 사람으로 살고 싶다. 그 대상이 같은 종種이어도 좋고, 하물며 다른 종種이면 어떠하랴.

 일월이다. 해는 바뀌었지만, 또바기로 바라보는 고정된 풍경이다. 그것은 일차원적 평면 위에 먹물로 그려진 무채색의 세상이다. 그런 단조로움이 주는 익숙함에서 나는 편안함을 느낀다. 그것은 한 폭 수묵화의 평화다. 그것은 모든 생명의 씨앗이다. 생명은, 물체는 그 평화로운 풍경의 결과물이어야 한다. 지금 내가 바라보는 풍경이 조금 더 따듯했으면, 조금 더 영원했으면 하고 바라는 것은 나 또한 하나의 결과물이기 때문이다. 여전히 젊고, 십이 개월 중 아직 일월에 불과한 물체이고 싶기 때문이다.

 하늘이가 기지개를 편다. 이제 잘만큼 다 잔 모양이다. 아니, 생각할 만큼 충분히 생각한 모양이다. 종種이 다가온다. 나를 인식한 대자연이 한 발 한 발 나를 향해 발걸음을 옮기고 있다. 서둘러 일어나 거실 창문을 열어두어야겠다. 나와 다른 듯 같은 일월의 어떤 종種을 위하여.

올공조공 서천별곡舒川別曲

    모판에 살포시 생강 꽃잎 발 담그니 때 이른 모시밭에 움찔! 애먼 싹이 튼다. 겨우내 쌓인 티끌 툴툴 대충 털어내고 배낭끈 질끈 잡아당겨 천방(324m) 제일 높이 극터듬어 올라서니, 아득한 유년의 기억 속 까마득히 멀게만 보이던 연둣빛 고운 그림자 자늑자늑 발밑으로 걸어와 '얘, 내 이름은 서천이야' 말한다.

    전설 속 서래새[*] 한 쌍 서리서리 날아든다. 고래로 너나없이 누구네 논두렁 누구네 밭고랑 할 것 없는 막역한 사이 아니더냐. 이곳저곳 가림 없는 날갯짓에 마을 서편 동부저수지 우뚝 솟은 부엉바위 한 번쯤 화들짝 놀라 바라볼 만도 하련만, 의뭉스러운 마음 끝끝내 숨기고 저만치 앞산 정수리 위 누덕누덕 흰 구름만 바라보고 섰다.

    노랗게 잘 익은 봄볕에 까무룩 마을이 통째로 녹아들겠다.
    봄이다.
    계절이야 진즉에 왔지만, 바야흐로 서천의 봄은 이제부터 시작이다.

---

[*] 서래새 : 충남 서천시의 상징 새인 검은머리물떼새를 이미지화한 캐릭터임.

원진(271m) 도마천 차고 넘쳐 큰 못(지池) 세상 이루었다. 예부터 나물 뜯어 곡기 채우던 우리 할매 '봉선아, 봉선지야!' 때 되어 밥을 부른다. 금강 철새 옥빛 군무群舞 따라 어기야 어기여차 노 젓던 우리 할배 죽어서도 꺼이꺼이 논틀길 수선화로 샛노랗게 다시 선다. 늙어 젊은 농부 밀짚모자 눌러쓰고 경운기 트랙터 움직이는 농로에는 머윗잎만 넙데데 푸르던가. 사시사철 파랗게 계절 모르는 댓잎 오늘도 영락없이 한들거린다. 철없이 뛰노는 사내아이들 이음차게 불러대는 낯익은 동요 한 소절에 서천 어디쯤 논틀길을 따라 흥얼흥얼 힘겨운 콧노래 따라 걷는지.

　서천 들판이 들썩이고 있다. 냉이, 지칭개, 개망초, 뽀리뱅이… 민들레, 돌나물. 2읍 11면 172리 오만가지 동네 꼬마 녀석들 죄다 모였다. 검붉은 된장 골마지 이끼 걷어내고 거하게 한 손 풀어 갓 짠 들기름 담뿍 두르면, 나라도 거안제미擧案齊眉 찰진 나물밥 한 상 거뜬히 조물조물 차려낼 성싶다. 쓴맛 단맛에 고소함을 더한 넉넉한 시골 인심에 배꼽 아래 통통 두드리며 한바탕 소리 내어 웃는다 한들 그 누가 삿되다 하랴.

　어린 모시 잎 사이를 가뿐하게 통과한 서천의 봄이 쌉싸름한 들판에서 익어 간다. 연두 빛깔 고운 고들빼기 새순 꺾어 대바구니에 던져 담으면 꺾인 자리에서 샘물처럼 Lactose(유액)이 솟는다. 분주히 오가는 발밑에 눌린 풀잎이 언제 그랬냐는 듯 중력의 아픔을 잊고 다시 몸을 일으킨다. 추운 겨울 터주 식생 인고忍苦의 눈석임물 같은 송골송골 감칠맛의 원천이려나. 알 듯 모를 듯 아리송한 이순耳順의 눈으로 바라보는 자연이 경이롭다.

　올해는 마량 동백정에 동백꽃이 피지 않았다고 한다. 알록달록 들꽃 두상화頭狀花 성급히 앞당겨 피어날 모양새다. 한여름 뜨거운 태양빛을 모방한 샘 많은 봄볕일까? 이어 올 다음 계절 생각에 조금은 두두룩한 마음을 진정시킬 겸 하늘을 올려다본다. 저 홀로 온전히 맑고 투명한 세상이다. 낮은 곳은 낮은 탓에 달뜬 마음 붙잡지 못해 이리저리 흔들리는데, 오롯이 텅 빈 서천 하늘만 아까부터 살근살근 나를 내려 읽고 있었구나.

　마량진항 태양이 어김없이 지고 다시 떠오르듯이 동백나무 가쟁이 끝에 빨갛게 피어날 희망이라는 꽃봉오리 여전하겠지. 끝 모를 신성리 갈대밭을 두 손 마주 잡고 정답게 거니는 젊은 연인들의 가슴속에도 한 백 년 흔들림 없을 사랑꽃 움터 있겠지. 홍원, 비인, 장항 날 바꿔 항구 날아드는 흰 갈매기의 사분거리는 꿈은 무엇일까? 생존과 영원, 자유와 희망, 낭만 혹은 그리움…… 그 무엇이라도 좋다. 꿈은 꿈꾸는 것만으로도 행복하니까.

　서천 장터 가려 앉아 한산 세모시 날개 접고 소곡주 한 사발에 박대 한 점 안주 삼으면, 비록 육六은 기벌포 전투 치열한 옛 신라 땅 한복판일망정 밭은 씨실 움켜쥐고 한가로이 날실 바로잡아 웃감 찌던 베틀 잠시 멈춘 채 홀로 벌겋게 취해 올공조공 '모시짜기' 노동요 불러대는 늙은 혼魂이어도 괜찮겠다. 불러 볼까. 또박또박 걸어가는 시간 멈춰 세우고 어느 계절 어느 동네 차마 떠나보내지 못하는 판교 마을 레트로 정취 찾아 뒤뚱거리는 날에……

> 하늘에다 베틀 놓고 구름 잡아 인화 걸고
> 청배나무 바디집에 옥배나무 북에다가
> 뒷다리는 돋아놓고 앞다리는 낮춰놓고
> 올공조공 짜노라니 조그마한 시누이가
> 올케올케 우리 올케 그 베 짜서 뭐 할라나
> 서울 가신 자네 오빠 강남도포 해 줄라네
> 진주댁에 두룸마리 이슬 밭에 내 널어서
> 은 다리미 놋 다리미 요모조모 싹 다려서
> 대문 밖에 썩 나서서 개성낭게 걸어놓고
> 우리 선비 아니 오나 오기는 오내마는
> 중단구지 화살 잊고 고을 모시 실려 오네
>   [모시짜기] 충남무형문화재 제13호 길쌈놀이

좀 더 가까이, 한사코 오래, 무릎 꺾어 한갓되이 풀꽃을 노래하는 시인이여!

조슬대*에 감은 실 콩풀 먹여 도투마리 감아놓고, 한 올 한 올 알량한 세모시 한 필 쳐진 가슴으로 끌고 당기는 아낙네여!

병든 아이 쓰다듬으며 한평생 심장 한쪽 떼어주고도 못 내어 준 다른 반쪽 움켜쥐고, 아쉬움에 안타까움에 전전긍긍 잠 못 들던 사람아!

일제 치하 나라 잃은 슬픔에 목 놓아 통곡하며 부서지도록 치를 떨던 선지자여!

나는 당신을 기억합니다. 우리는 당신을 사랑합니다. 그것이 우리가, 내가 서천을, 이 땅을 어를 수밖에 없는 이유입니다.

---

* 조슬대 : 한산모시 직조 과정에 쓰이는 도구로서, 이와 입술을 이용해 태모시를 쪼개는 작업이 끝난 한 필 짤 만큼의 모시실을 팽팽하게 당겨 감기 위한 작은 구멍이 여럿 있는 나무틀임.

맥문동 보랏빛 장항 물들고, 홍원항 전어 꽃게 가을 부르는 비릿한 서천 들녘에 나는 서 있습니다. 호미질 한 번에 비인 갯벌 바스락! 몸뚱어리 비틀어 백합조개 내어놓고, 3.1광장 새로 생긴 카페에서 번져오는 그윽하고 진한 커피 향기가 젊고 푸르러 눈부신 청춘 삼삼오오 호출하는, 동부저수지 둘러싼 삼월리 '詩 익는 텃밭' 작은 집에 강아지 두 마리 하늘이와 달래 한동안 한참 뛰놀다 곤한 낮잠 빠져드는 그곳을 나는 '고향'이라 부르려 합니다.

나의 육肉이 한 백 년 잠시 머무는 곳, 들판에 봄 아지랑이 피어오르듯 마냥 꼼지락거리다가 필연의 인연의 끈으로 묶어 축복처럼 나의 영혼 이끌어갈 곳. 내 진정 살포시 누천년累千年 내려앉아 한가로이 숨 쉴 이곳을 사람들은 극락정토極樂淨土 천국天國이라 명하고, 한나절 봄 마실에 한껏 숨찬 나는 제풀에 애써 비사쳐 '서천舒川'이라 말합니다. 올공조공 얼라디여, 올공조공 서천이야!*

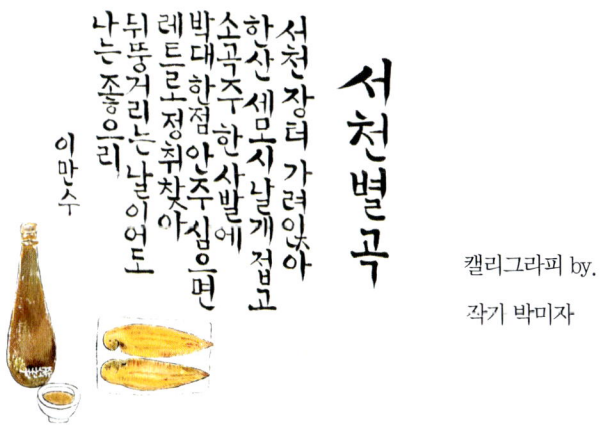

캘리그라피 by.
작가 박미자

---

* 시인(나태주), 아낙네(방연옥 중요무형문화재 한산모시짜기 기능보유자), 사람(뽀빠이 이상용 방송인), 선지자(이상재 독립운동가)

비긋는 어느 여름 날

 발목까지 차올라 붉게 물들 기세다. 옥광玉光 우거진 앞산 아래 밤새 흘러내린 흙탕물이 이어 올 계절 알밤보다 열 배는 더 붉게 눈이 부신다.

 주차장 흰색 KONA 자동차 앞 범퍼를 향해 구불구불 휘돌아 돌진하던 물줄기가 일순간 마음을 바꿔 스치듯 한 두어 걸음 멀찍감치 떨어져 흘러가는 것을 확인하고 나서야 안도의 숨비소리 한번 내어쉰다. 느닷없는 한기寒氣에 부르르 몸을 털어 달라붙은 빗물을 털어내고 부랴부랴 우비를 챙겨 보지만, 이미 흠뻑 젖어 축축한 몸뚱어리다.

 7월에 내리는 비가 매섭다. 장대처럼 주룩주룩 내리던 장대비가 달구로 짓누르듯 거센 달구비로 퍼부었다. 개부심을 확인하고 나서야 놀란 가슴을 쓸어내리며 주전자에 물을 끓인다. 달달한 믹스커피 한 봉지 손에 든 채 뜯어 털어 넣을 생각도 않고 창밖을 바라본다. 평소 같으면 산 그리메와 붉은 입술 파래지도록 맞대고 조곤조곤 수다 삼매경에 빠져있을 호수의 수면이 물닭, 가마우지, 청둥오리 같은 새들과 잠자리, 나비 그리고 구름 같은 날개 달린 것들의 서식지까지 차올라 들뜬 날숨과 들숨을 감때사납게 헐떡이고 있다.

그 많던 새들은 어디로 숨어들었을까? 깃털 하나 보이지 않는다. 팔랑거리던 세모시 날갯짓은 먹장구름에 갇혀 아직 굼뜬데, 흔적 없이 사라졌던 낚시꾼들 몇몇이 약속이라도 한 듯이 모여든다. 휘어 던진 낚싯줄이 팽팽하게 당겨지고 있다. 수면을 가를 듯 사방으로 물방울을 튕기며 바동거리는 팔뚝만 한 참붕어의 몸짓이 힘겨워 보이는 7월이다.

작년에는 하룻밤 사이에 400mm가 줄기차게 내리 쏟아졌다. 거대한 천둥 번개에 화들짝 놀란 강아지 '하늘이'가 경기하듯 처음 몇 번은 컹컹! 하늘에 되지도 않는 대거리를 해 보기도 하였지만, 이내 소용없음을 깨닫고 깽깽! 한 두어 번 울먹이며 내 발밑으로 기어들었다. 게으른 해가 느지막하게 중천中天에 뽀-얀 얼굴을 내밀고 나서야 세수도 안 한 민낯으로 하나둘 회관에 모여든 마을 노인네들은 죄다 약속처럼 흰머리에 알록달록 꽃무늬 파자마 차림이다.

누구라고 할 것 없이 피차 격 없이 너나들이하면서도 홀로 힘겹게 각자의 뙈기밭을 갈고 마른 목 잠비 삼키며 견뎌온 사이에, '60년 만의 발비네, 70년 만의 달구비네. 아이고! 100년 만의 장대비인 갚네.' 하면서 갖은 호들갑이다. 한갓되이 몇 마디 말로 온전히 설명 못할 7월의 장맛비 같은 인생人生이었노라 말하고 싶은 것인지도 모를 일이다.

처음 접하는 시골살이에 적잖이 날마다 즐겁고, 날마다 설레고 그러면서도 날마다 낯선 당혹스러움에 몸서리치며 경기라도 일으킬 것 같은 나 같은 사람이나, 태어나 처음 겪는 폭우에 논둑이 무너지고 쓰러진 담장마저 이내 눕는데, 사라진 논틀길을 용케도 아름아름 찾아내고는 망연자실茫然自失 쪼그리고 앉아있는 자식새끼의 어느새 딱딱한 거북 등껍질 닮은, 자신 닮은 등짝을 바라보면서 '저딴 걸 대물림해 주었구나!' 하는 생각에 아무 말 어떤 말 하나 보태지 못하는, 오랜 세월 그래저래 살아온 토박이 노인네들이나 이런 날엔 너나없이 한바탕 떠들썩하게 호들갑스러울 수밖에……

 하늘이 뻥 뚫린 듯 물 폭탄을 맞은 정원이 초토화된 것을 발견한 것은 그날 이른 새벽이었다. 호수와 맞닿아 있어 기름진 논일망정 손이 없어 잡풀 우거진 묵정논과 살을 맞대고 연이은 정원 사이를 구분 짓기 위해, 싹둑! 허리춤을 잘라내고 빙 둘러 한 바퀴 설치해 놓은 펜스가 통째로 무너져 내려앉아 있었다. 어떤 것은 허리가 휘어지고 또 어떤 것은 목이 꺾인 채로 나뒹굴어져 있는, 얽기 설기 뒤엉켜 필사의 힘으로 서로를 끌어안은 채 침잠沈潛하는 목숨 모질게 내려놓지 못하는 모습에서 아등바등 살아온 나 자신을 본다.

 주차장을 점령해버린 흙탕물이 금방이라도 자동차 뒤꽁무니를 끌어당겨 깊은 호수 속 알지 못할 심연 속으로 빠져들 기세다. 억센 힘에 밀렸더라면, 감당키 어려운 시련에, 겨우 하룻밤 짧은 역경을 이겨내지 못하고 나약한 마음에 자포자기했더라면 지금쯤 드넓은 호수에 코를 박고 쓰러져 있을지도 모를 일이다.

 나 또한 그런 적이 있었다. 껄렁껄렁 힘센 녀석의 으름장 같은 꿀밤 몇 대에 손에 쥐고 내어놓지 않던 소년의 꿈같은 유리구슬과 호주머니 속 숨겨둔 딱지를 순순히 헌납해야 했다. 삼시 세끼 양껏 챙겨 먹지도 못할 가난 때문에 학업을 포기하려고 마음먹기도 하였다. 생존경쟁의 고비마다 '적자생존適者生存'이라는 사자성어 곱씹으며 반드시 살아남아야 한다는 그깟 본능에 하마터면 소중한 정의와 양심 그리고 나 자신을 잃어버릴 뻔도 하였다.

 안쓰럽고 미안한 마음에 쓰담쓰담 자동차 앞 범퍼에 손을 얹는다. 제 딴에는 얼마나 안간힘을 썼는지 바르르 몸을 떠는 듯 휘청거린다. 차갑고 육중한 금속성 몸뚱어리를 슬그머니 나에게, 저보다 훨씬 작고 보잘것없는 나에게 기대오는 것을 와락! 끌어안고 만다. 저도 위로받고 싶었던 게지! 무서웠다고. 힘에 부쳐 몸서리가 쳐지기도 했었다고. 그리고 끝내 그리웠다고, 오늘의 이 따뜻함이. 때때로 아니 아주 못 견디게 많이 그랬노라고……

 올해는 다행히도 앞산 자락이 무너지지는 않았다. 이만한 게 다행이다. 7월을 대비해 삼사월 바지런히 흙을 퍼내고 충분한 높이로 두둑을 쌓아 놓은 덕을 보았다. 맑은 빗물에 취한 산이 못 견디고 토해낸 음식물로 흥건했던 배수로도 막힘없이 콸콸 잘 흐르고, 몇 차례 뜯었다 다시 설치한 펜스도 듬직하니 제자리에 뿌리를 내리고 서 있다. 당연히 주차장 한가운데 위태롭던 지동차도, 흔들리며 성장한 나도. 세상 만물이 이제야 안정을 찾은 모습이다.

 노트북을 열고 전원을 켠다. 껌벅껌벅 몇 차례 화면이 흔들리더니 이내 커서가 움직임을 보인다. 드디어 비가 그친 모양이다. 따뜻한 커피 한 잔으로 아침을 대신하면서 서재

한 쪽 책상 달력을 바라본다. 아직 여전히 7월이다. 창밖을 내다본다. 멈춘 줄 알았던 빗줄기가 다시 조금 굵어지고 있다. 하늘은 여지없이 흐리고, 먹구름을 몰고 어디론가 달려가기 정신없던 바람이 잠시 정신을 차린 듯 드물게나마 창문을 두드리며 말을 건다. 7월이라고, 아직은 여름이라고.

가늘다 굵어지기를 반복하는 세상이다. 한없이 즐겁지도 한없이 슬프지도 않은 곳이라고 말하는 듯하다. 조금 더 오래 참고 견디라 한다. 어제의 비는 흘렀으니 잊고, 오늘 눈앞에 내리는 빗줄기만을 바라보라 한다. 어쩌면 내일은 맑은 하늘이고 따뜻하고 그래서 숨 쉴 만한 바람 오려니 여기라 한다. 7월에 내리는 비가 한 무더기 먼지 같은 상념想念들을 쓸고 지나가는 여름 한복판에서 비를 긋는다.

곧이어 올 8월의 폭염 따위는 미리 앞서 염려하지 않으려 한다. 내일의 염려는 내일로 미뤄도 괜찮다. 지난날을 곱씹어 오늘을 바라보기에도 짧디짧은 7월이기에, 지금은 오롯이 다시 굵어지려 하는 빗줄기를 피해 긋는 비雨의 의미만을 생각할 시간. 구름 속일망정 수고한 오늘의 태양이 지는 저녁답, 적어도 그때까지 비는 그칠 것이고 커피 한 잔 앞세워 천천히 응시할 구름 한 조각 흘러갈 것을 나는 확신한다.

비긋는 어느 여름 날, 젖은 발목 축축한 어깨일망정 그런 마음의 여유를 가질 수 있는 나는 한사코 행복한 사람이다. 이 또한 쓸고 지나갈, 말끔히 매달고 지나칠 바람 같은 소망所望 하나 품고 있으니……

오래된 현재의 사랑을 위하여

 쉽게 겨울을 보내줄 마음이 없는가 보다. 동백 꽃봉오리를 통째로 내려덮은 눈꽃 모자와 하늘이의 거멓빛 코끝에 달라붙은 한 송이 목화솜 같은 흰 눈가루에서 나는 매혹적인 삼월의 자태를 실감하고 만다. 털모자 끝에 덕지덕지 달라붙은 겨울을 툴툴 털어내고, 손가락 사이사이에 매달린 냉기를 호호 불어, 계절을 날려 보려 해 보지만 꽁꽁 얼어붙어 미동조차 하지 않고 있다. 자닝, 애틋, 아쉬움, 그리움, 미련, 안쓰러움, 괴다, 얼우다, 아모르amour, 러브love, 그 모든 말로 다 대신할 수 없는 감정이 사랑인 것 같다. 아직 내게 남은 탓일까? 뜰에는 여전히 한겨울인 양 함박눈이 펑펑 내리고 있다.

 춘절에 내리는 것치고는 꽤 많은 양이다. 습기까지 머금어 무겁다. 이미 다 가 버린 겨울이라는 계절을 온전히 쓸어낸다는 생각으로 미명에 빗자루를 들고 나서면서도, 나는 무너질 듯 위태로운 썬 라이트sun-light 지붕의 퍼렇게 넝든 안위보다, 엊그제 시저리로 핀 명자꽃의 아름다움을 생각하지 않을 수 없다. 차를 움직여 좁은 빙판길을 빠져나갈 걱정에 앞서, 아직 채 한 살이 안 된 하늘이가 생애 첫해 눈발에 들떠 뛰어놀 서너 평 남짓 마당에 충만할 환희라는 긍정의 단어를 떠올리지 않을 수 없다. 어쩌면 그것이 '나' 다. 타고 난 성품인데 어찌하랴! 지극히 낙천적인 나의 천성天性이려 나 생각한다.

그렇게 나는 낙천적이다. 그만큼 현실적이지 못했다. 내 소년 시절 무대의 배경은 대개 방과 후 학교 운동장, 아니면 수직의 사다리를 밟고 올라가야만 닿을 수 있는 다락방이었다. 전자는 나의 육체를, 후자는 나의 정신을 지배했다. 그 중 다락방은 지붕 위 어머니의 장독대에 오르는 유일한 통로이었으니, 어쩌면 나는 그 시절 나의 어머니, 재래시장에서 과일 좌판을 벌여놓고 하루 종일 일을 하고 돌아와 흘린 땀으로 소금가루 서걱거리는 손등을 씻지도 못한 채 가장 먼저 자식들 빈 밥상 그릇을 살피시던 중년의 어머니를 지탱케 한 바지랑대이었다. 그래서 나는 세상 그 누구보다 밝고, 의젓하고, 흔들림 없는 아이이어야만 했다.

장독대에는 일종의 관습처럼 질항아리가 있었다. 크고 작은 그 수가 우리 집 형제들 숫자만큼 되었는데, 그 속에 무엇이 들었는지 혹은 비었는지 나는 전혀 알지 못하였다. 부러 관심을 두지 않았다. 그것은 늘 어머니 몫의 사명이었고, 나는 그와는 좀 동떨어진 세계에서 살았다. 하루 중 팔 할 이상 나의 시선을 끄는 것은 드넓은 운동장, 공차며 함께 놀던 친구들과 이런저런 책들로 가득한 낡은 다락방이었다. 허구 속 인물들의 각양각색 삶이었으며, 그 모습을 흉내 낸 나의 하루를 글로써 기록하는 일, 소위 '문학'이라는 것에 천착하는 것이었다. 결단코 희망적이라고 말할 수 없으며 차라리 비관적이라 한탄해야 할 그곳에서조차 낙천적, 희망적, 낭만적이라는 기름진 말로 포장해 감추고 싶었던 그 무엇이 있었다. 그것은 때로는 삐거덕거리는 사다리이었고, 기름기 없는 반찬으로 속을 채운 도시락 보자기이었으며, 소위 '가난'이라는 부정적 언어이었으니 나에게 있어 그것 모두는 그저 꼭꼭 숨기고픈, 행여 누군가 마주치지 않도록 피하고픈 대상일 뿐이었다. 사다리 한쪽이 기우뚱 부러질 것만 같았다. 뛰면 뛸수록 쨍그랑쨍그랑 숟가락, 젓가락 부딪히는 소리가 귀에 거슬렸다.

장독 뚜껑 위에 달빛이 어린다. 다들 그만그만한 살림에 목가적일 리 없는 어느 도시의 후미진 동네. 대바구니가 보인다. 조기 새끼 몇 마리, 하다못해 토막 난 생선 몇 조각이라도 좀 있으면 나을 법한 풍경이련만, 아무것도 없다. 그렇게 휑하니 비어있을 때가 잦았다. 그런 날 어머니는 감자나 고구마를 군입질로 내어주시곤 했다. 허기진 배를 움켜잡고 잠들기 전, 눈치 없이 울어대는 꼬르륵 소리에 정작 나보다 더 당혹해 한 건 어머니이었다. 그날 밤, 어머니의 따뜻한 손바닥에 맞닿곤 했던 내 배꼽의 골이 얼마나 야무지게 깊고 한없이 못나 보였던지…… 애옥살이 어머니는 우리 집에서 유일한 현실주의자이었으며, 원시적 샤머니즘의 소유자이었다. 장독 위에는 사발 한 개가 놓여 있었고, 집 짓는 일로 며칠째 보지 못한 아버지의 밥공기 두 배만 한 크기의 쇠 그릇에는 넘치도록 물이 가득 담겨 있었다. 그리고 그 앞에는 어머니가 항상 서 있었다. 그때 그 어머니가 무슨 소원을 빌었는지 나는 모른다. 장독 안에 무엇이 들어있어 디리는 익고 또 더러는 썩어가고 있는지, 형체를 알 수 없는 휑한 바람만 가두어놓고 헛배만 불리고 있었는지 몰랐듯이.

"어머니, 거기서 뭐 하세요?"하고 다정스레 다가가 한 번쯤 물어라도 보았더라면 좋았을 것을……

  눈이 시리도록 맑고 투명한 수돗물에, 독한 소독약 냄새 풍풍 품어 나오는 정화수井華水에 자식들 한 끼 식사 푸지게 내어줄 날 있게 해 달라는 욕심 한 방울, 더 이상 마음 아픈 가족들 소식일랑 없게 해 달라는 바람 한 점, 보일 듯 보이지 않는 흐릿한 미래일망정 소박한 꿈 하나쯤 품고 살아갈 수 있게 어린 자식들 지켜달라는 소망 한 조각 띄워져 있었으리라 짐작할 뿐이다. 밝은 달빛 아래 허리 꺾어 두 손 모아 간절히 기도하시던 어머니의 모습이, '한 마리 나빌레라!'* 가냘픈 승무僧舞처럼 어쩌면 그토록 슬프고도 아름답게 보였는지 모른다.

  어머니는 새벽 장터에서 시작해 장독대에서 하루를 마감했고, 나는 운동장에서 시작해 다락방에서 하루를 마무리했다. 달랑 연필 한 자루로 스케치를 한다. 어렵사리 수학 문제를 풀고, 연이어 시와 수필을 쓴다. 그것이 그 시절 내가 어머니에게 할 수 있는 최선의 응대이었다. 효도라고 말하기엔 멋쩍다. 하지만 매번 모든 일을 그렇듯 올곧게 행한 것만은 아니었다. 각진 연필을 대그르르 굴려 지극히 샤머니즘적인 행운을 바란 적도 있었다. 어쨌거나 그림을 그리다, 공부를 하고 글을 쓰다, 때로는 연필을 굴리다가 한동안 넋 놓고 바라보았을 봉창 너머 바깥세상은 무슨 빛이었을까? 아마도 온통 미지의 수수께끼이었을 것이다. 한 번도 가 본 적 없는 늘 새롭고 그래서 낯선 곳. 누구도 귀띔 해주지 않는 지혜. 담장 낮은 골목길에 깨진 벽돌처럼 넘쳐나는 유혹

---

* '한 마리 나빌레라!' : 조지훈의 시 [승무]에서 일부분 인용함.

과 온갖 함정들. 그때에 나는 무슨 희망을 보았을까? 어떤 소망을 품었을까? 배고프고, 눅눅하다 숨 막힐 듯 덥고, 덧댄 창호지를 뚫고 들어오는 황소바람에 손가락 마디마디에 동창이 들곤 하던 남루하기 짝이 없는 그 시공간에서……

매번 정답이 아니었기에, 알 수 없는 세상이었기에 내 멋대로 쓰고 지우고, 또 쓰기를 반복했다. 나는 내 몸에 바짝 달라붙어 기생하는 가난을 부정했고, 내 집 주변에 만연한 자본주의 사회의 허무주의를 거부했다. 고치고 다시 써 반질반질 윤이 나게 만들고 싶은 언어들이 많았다. 절차탁마切磋琢磨, 가행정진加行精進. 그럴 때마다 연필 끝 고무지우개가 하룻밤을 채 넘기지 못하고 닳아 없어지기 일쑤였다.

나는 지금 그때의 부정과 거부를 모방한 달뜬 언어로 정제된 나의 글을 쓰려고 한다. 아침에는 한 편의 글 속에서 어쩔 수 없이 또 한 번 어머니를 만났다. 새삼 나 스스로 닮아가고 있는 어머니의 모습을 보면서, 샤머니즘적이면서도 지극히 현실적인 기도에 서려있는 털끝만큼도 이타적이지 않은 아가페적 사랑을 본다. 이른 아침 식전에 한 잔의 커피를 책상 위에 올려두는 마음과 늦은 밤 어머니의 소박하지만 풍족한 물 한 그릇의 기도가 배꼽 탯줄로 연결되어 있음을 안다. 본디 같은 종種임을 깨닫는다. 연필 하나로, 데생하듯 단박에 사선을 긋고 동그라미를 그려 눈으로는 볼 수 없는 바람의 형상을 글로써 표현한다는 것이 얼마나 어려운 일인가? 지금 저 나무 끝 박새 소리가 무엇을 말하는지, 마당 한쪽에 묶어놓은 강아지의 눈빛이 무엇을 갈구하고 있는지, 그때 그 시절 어머니의 기도가 어떤 의미이었는지 온전히 알아 창살 같은 원고지 칸을 채워내기란 여간 곤혹스러운 일이 아니다. 하지만 지금 나는 그 모든 고차원의 언어를 풀어 한 편의 글을 정답처럼 쓰려고 애면글면하고 있다. 부족하지만, 여전히 어리석고 불완전한 '나'이지만.

 지난 일들이 연필 끝 고무지우개처럼 부서져 가슴 한편에 쌓여있다. 차고 넘치는 지우개 가루! 가풀진 그 둔덕 위를 극터듬어 뒤돌아보면 배 따습고 기꺼웠던 다락보다, 배곯아 서글펐던 방이 훨씬 더 친근하게 느껴진다. 학교 운동장을 해지도록 뛰댕기다 초저녁 집에 들어와, 으레 비좁은 다락방으로 기어 올라갔다. 말캉말캉 쫀득한 식감의 마시멜로우 같은 고무지우개가 달린 몽당연필을 손에 쥐었다. 지우개의 길이를 가늠해 본다. 고작 1cm도 안 되어 보인다. 태초에 창조주는 그 정도면 충분하다고 착각한 것일까? 그쯤이면 괘도를 이탈한 나의 자리를 깨닫고, 올바른 길로 찾아갈 수 있으리라 기대한 걸까? 아니면, 꼭 그만큼의 시행착오만 허용할 테니 쓰던 글 서둘러 퇴고하라고 경고한 것일까? 지우개 가루로 마구 더럽혀진 책상처럼 내가 저지른 삶의 오답들이 켜켜이 쌓여 동산을 이루고 있다. 안쓰럽고 측은하다. 하지만 결코 부끄럽지는 않다. 오답 없이 채울 수 있는 정답지가 어디 있겠는가? 시냇가에 한 뼘 높이로 쌓는 돌탑조차 수없이 무너지기 일쑤건만, 하물며 백 년 공들여 쌓는 인생이야…… 일미칠근一米七斤이라고 했던가? '마음 졸여 부단히 애쓰며 살아왔노라' 스스로 자신할 수 있다면, 그것으로 되었다.

 나는 한 글자 한 글자 조심스레 나의 삶을 퇴고하려고 한다. 내 삶을 톺아봄에 있어 지나친 사족은 달지 않으려다. 다소 과장된 표현에는 가차 없이 빨간 줄을 그을 것이다. 현실을 벗어난 낭만적 언어 또한 과감하게 지워버릴 생각이다. 하지만 나의 글 여기저기에서 여전히 낙천적인 냄새가 배어날 것을 염려한다. 어쩔 수가 없을 듯싶다. 천성인데 어찌하랴! 그 옛날 어머니가 장독 위에 떠 놓고 내려다보
았을 물의 양과 질에 비할 바는 아니지만, 나 또한 간절한 마음을 커피 잔 위에 띄워놓고 독백인 양 고백인 양 내뱉는다.

"하느님, 이제는 나로 하여금 진정 나를 사랑하게 하소서. 그리고 먼 훗날에, 나 또한 그 옛날 어머니처럼 간절히 허리 꺾어 기도하게 하시고, 종내 지극히 온전한 모습으로 기억되게 하여주소서!"

현실을 등진 낭만주의는 더 이상 내 삶의 방편이고 싶지 않다. 나는 생각한다. 지우고 또다시 고쳐 쓴다. 닳아 없어진 연필 끝 고무지우개가 그 존재감을 잃고 난 후에야 비로소 도드라질 수 있는 것, 그것이 '나'이었으면 좋겠다. 낙목한천落木寒天에 눈이 계속 내리고 있다. 오래된 현재의 사랑을 바라본다. 발목까지 차오르는 눈이 되려 따뜻하다. 서둘러 치울 마음이 없다. 조금만 더 어머니 손바닥 같은 그 겨울 속에 살포시 갇혀 있고 싶다. 어차피 봄은 제 스스로 시절을 알아 시나브로 내 곁에 찾아올 것을…

너에게 10 - 사랑의 끝은 꽃, 처음 그랬던 것처럼

아직 씨앗에 불과한 꽃
도저히 꽃이라 부를 수 없는 꽃

이제 막 일어서려 하는 꽃
이제 곧 활짝 피겠다고 말하는 꽃

이제 막 꽃봉오리 겨우 한 장 열어 펼치는 꽃
어느새 흐드러져 눈부신 꽃

어느덧 사랑 북받쳐 홀로 붉어진 꽃
이제야 받은 사랑 감사해 눈물 쏟는 꽃

생애 끝자락에 그냥 눈물만 흘리는 꽃
생애 끝자락에 아무 말 없는 꽃

다음 생애에 다시 또 피겠다고 약속하는 꽃
다음 생애에 둘이 다시 만나자고 약속까지 하는 꽃

도대체
너에게 나는
어떤 꽃, 어떤 사랑으로 남고 싶은 걸까?

제3부

발맘발맘 따라붙고

'기행 수필'이란?
여행을 통해서 얻은 어떤 감정이나
교훈을 문학적으로 표현한 수필

1. 오감산행五感山行
2. 쇠똥구리 철학
3. 죽방멸치의 유혹
4. 남해, 해를 품는다
5. 떵긋떵긋 군산별곡群山別曲

〈시〉 봉선지 물버들길

오감산행五感山行

　버스 안이 혼잡하다. 흡사 하늘 위 외줄을 타는 어름사니처럼 위태롭다. 매 삼십 분 간격을 두고 6.5km 백담계곡 낭떠러지 외길을 셔틀버스가 치달리고 있다. 잔뜩 긴장한 등산객들이 숨죽여 창밖을 보고 있다. 겨우 버스 한 대 지나갈 정도의 비포장도로다. '타닥, 탁!' 잔가지 부딪치는 소리가 채찍 소리처럼 날카롭다. 제아무리 수차례 천산을 오르내린 산객이라 할지라도 이처럼 가파른 산세에는 주눅들 수밖에 없다. 게다가 내 의지와는 무관하게 몸을 맡긴 처지가 아닌가. 처음 보는 낯선 사람들의 심장 박동소리야 백 개의 담潭을 이루는 계곡 물소리에 파묻혀 내 귀에 들릴 리 없지만, 나는 듣는다. 내 마음속 요동치는 그 소리를.

　베테랑 기사의 두 손에 목숨을 맡긴 형국이다. 지금 이 순간, 믿을 건 오로지 그저 저 노련한 운전기사뿐이다. 그의 오랜 경륜과 담대함을 믿어야 한다. 나 또한 밀려오는 불안감을 숨긴 채 말없이 창밖만을 응시하고 있다. 그토록 아름답다고 칭송이 자자한, 그래서 큰맘 먹고 와 보게 된 내설악의 풍경이 전혀 보이지 않는다. 십여 분이면 수이 닿을 백담사가 까마득히 멀게만 느껴진다. 아직도 여전히 내 눈에는 아름다운 이곳의 모습이 온통 무채색뿐이다. 나뭇잎이 까맣다. 새소리도, 솔향도 어둡다.

산모퉁이를 돌자 동살이 잡히고, 영영 나타나지 않을 것만 같던 산사의 지붕이 검은 정수박이를 내비치기 시작한다. 나뭇가지 틈 사이로 빼꼼히 얼굴을 내밀고, 낯선 이방인을 훔쳐보는 강원도 지방 텃새 까마귀의 형상이 볕뉘에 가렸다. 본디 까마귀를 일컬어 흉조라고 흔히들 말하고 꺼려하지만, 나는 오히려 까치보다 까마귀를 더 선호한다. 까치에게서는 볼 수 없는 꾸밈없는 단색의 옷이 주는 친근감, 맑고 깨끗한 검은 눈동자가 전해주는 안정감, 이런 순수한 점들이 까마귀에게는 있기 때문이다. 반가움이 밀려온다. 그제야 안도의 한숨을 내쉰다. 차츰차츰 마음이 안정을 찾고 있는 것일까? 무채색 풍경이 하나 둘 색을 띠기 시작한다.

이곳이 백담사 일주문임을 알리는 순백의 금강문 현판이 헌걸차다. 길목에 놓인 회색 다리가 튼실해 보인다. 제법 폭 넓은 옥빛 계곡물이 짙고 옅은 붉은빛을 띤 작은 돌탑을 휘돌아 흐르고 있다. 오종종한 돌 틈 사이를 헤집어 빠르게 빠져나오는 새하얀 물살이 마치 조금 전 버스에서 우르르 내렸다 어디론가 일제히 사라지고 없는 원색의 등산복을 말끔히 차려입은 사람들 같다. '다들 어디로 간 것일까?' 십여 분, 단 한 번 찰나의 인연을 끝으로 뿔뿔이 각자 삶의 여정을 따라 흩어진 이들이 아니던가? 하지만 어디선가 또다시 만날 것이다. 흩어져 흐르는 물줄기가 언젠가, 어디선가, 어떤 이유로든 다시 한데 모여 거대하고 푸른 몸집으로 흐를 것이다. 그것이 대자연의 섭리이니까.

마른장마에 빈약한 수량임에도 불구하고 물소리가 제법

웅대하다. 큰 북이 한 번 울리자 작은북 서너 개가 경쟁하듯 동시에 울려댄다. 쟁쟁거리는 풀피리 소리는 아예 들리지도 않는다. 작은 것은 이 산에서조차 존재감이 없는 것일까?. 온통 힘 있고 덩치 큰 것들만이 활개를 치는 우리들 사는 세상을 닮아있다. 심산深山 백담사 계곡마저 아직도 속세를 벗어나지 못한 것일까? 아수라장 한복판에 여전히 내가 있다. 북소리가 요란하다. 백 개의 담潭을 일일이 다 헤아릴 수 있을 만큼의 여유를 시샘하며 살아온 삶이었음을 고백한다. 하지만, 지금 이 순간만큼은 작은 담 하나에 집중하고 그저 아무런 사심 없이 멍 때릴 수 있기를, 습관처럼 성급히 종종거리기만 하는 발걸음을 잠시 멈춰 세우고, 흐르는 계곡물 소리에 천착할 수 있기를 바라본다.

강원도 인제 설악산 자락, 백담사는 군사 쿠데타로 정권을 잡은 전두환이 퇴임 후 은거하면서 유명세를 치르고 있지만, 실은 그보다 훨씬 오래전부터 이미 유명한 사찰이었다. 만해 한용운 선생이 이곳에 머물러 살다가 다시 세속으로 돌아갔다는 이야기가 새삼 친근하게 가슴에 와닿는 까닭은 그의 '인간다움' 때문일 것이다. 유심惟心! 법랍法臘도 없는 산객이 어찌 감히 고승의 번뇌를 가늠이나 하겠느냐 마는, 흐르는 계곡물의 빠른 유속에 연신 흔들리고 요동쳤을 선지자의 마음을 조금은 알 것도 같다. 순간, 밀려와 부딪히는 계곡물에 작은 돌멩이 하나가 또르르 굴러 어디론가 떠밀려간다. 나는 지금 어디로 가고 있는 것일까? 나조차 나를 찾을 수가 없으니……

고즈넉한 경내에 들어서자, 풍경소리를 타고 넘는 불경소리가 묵직하다. 어디선가 노승이 가부좌를 틀고 앉아 아침 참선을 하고 있을지도 모를 일이니 조심스럽게 발을 뗀다. '님'의 침묵이 바닥에 깔려있다. 발걸음이 더디다. 문득 대웅전 돌확에서 아카시나무 꽃향기가 묻어난다. '아직도 세속을 잊지 못한 것일까?' 말 못 할 향기에 이끌려 아침과 저녁 때때로 오고 갔을 동자의 마음을 보는 듯하다. 도심 속 그 향기와 별반 차이가 없는 것 같다. 단청 아래를 돌아 들어가면 아카시 꽃나무가 한 두어 그루 훌쩍 자라 있을 게 틀림없다. 누군가 연신 기웃거리는 나를 유심히 지켜보는 것 같아 흐트러진 옷매무새를 고쳐 본다.

  백담사를 지나 영시암으로 향하는 3.5km 길 끝에 산이 보인다. 아직 이름을 얻지 못한 봉우리들이 봉긋봉긋 올라와 있다. 처녀 길은 늘 신선하다. 풀잎을 스치는 명지바람 소리도, 나뭇가지마다 매달린 산당화 꽃 붉게 터지는 소리도 맑고 청아하게 들린다. 에메랄드 빛깔 고운 수렴동계곡 물빛이 하늘에 닿아 있다. 튀어 오른 계곡 물방울 수만 개가 한데 어우러져 뭉게구름 옆에 파란 커튼을 펼쳐 놓고 있다. 때로는 생경함이 낯익음보다 더 정겨울 때가 있다. 처음 걷는 산길이 포근하다. 소복하게 쌓인 솔잎의 쿠션이 갓 턴 솜이불처럼 부드럽다. 죽은 나무의 수액을 빨아먹고 자라나는 운지버섯이 한 조각 작은 구름을 닮아있다. 느닷없이 어디선가 가시오갈피 향이 난다. 죽은 누나의 품에 와락 달려가 안길 때 나던 냄새다. '어릴 적 향수를 이곳에서 맡다니!' 영시암 툇마루로 향해 가는 길섶에 아침이슬이 마르지 않은 채 또르르 굴러와 내 눈에 박히고 만다. 눈으로 삼키는 이슬 방울 맛이 눈깔사탕보다 더 달보드레하다.

영시암永矢庵은 350년 전쯤, 영의정을 지낸 부친이 기묘사화로 죽임을 당하고, 형까지 죽게 되자 세상에 환멸을 느낀 김창흡이라는 선비가 은거를 하기 위해 세운 암자라고 한다. 궁수의 손끝을 떠난 화살처럼 다시는 돌아오지 않겠다는 모진 다짐이 '永. 矢'라는 이름에 담겨 있다. 사는 동안 내 이름 석 자에 이 악물고 담아 두었던 다짐들을 톺아본다. 생로병사生老病死 인생 4단계의 중간을 훌쩍 넘어선 지금, 이룬 것과 못 이룬 것, 기억하는 것과 추억하는 것, 미련조차 상실해버린 것과 미련이 남는 것, 이 모든 것들을 생각하자니 알듯 모를 듯 갸우뚱한 인생이다. 그런 인생에 콕콕 찌르는 모진 다짐도 하나 둘쯤 있었으니…… 새삼 '세상 홀로 산길 걸어가는 사람은 누구나 가슴속에 화살 한 촉쯤 꽂고 가는 것은 아닐까?'라는 생각을 하고 만다. 이곳 풀숲 어디쯤에 무심히 떨어져 썩지도 못하고, 파르르 떨고 있을 누군가의 촉이 측은하게 느껴진다.

오래된 좁은 숲에 무수히 많은 나무들이 있다. 대부분 붉은 열매 송골송골한 마가목이다. 잎 무성한 굴참나무, 서어나무, 잣나무 사이로 유난히 푸른 잎 반짝이는 신갈나무 한 그루가 눈에 들어와 박힌다. 군중 속 한 사람, 내가 서 있다. 조금은 지쳐 있는 모습이다. 하지만 그늘져 어두운 이 숲을 조금만 벗어나면 맑고 환하게 빛나는 세상이 있음을 안다. 태양빛을 닮은 누군가가, 향기 나는 동자꽃을 아름드리 양손에 들고, '까르르' 소리 내어 웃으며 마중을 나와 있을 것 같다. 길은 그곳에서부터 시작해 산과 산을 연이어 잇고, 제일 먼 봉우리 끝자락에 누군가 또다시 새로운 사람을 마중한다. 그렇게 역사는 이 산에서조차 연면히 흐르고 있었다.

처음 걸어가는 산사 툇마루 끝에 한 사람, 내가 지금 서 있다. 풍족하지는 않지만 육체를 다스릴 약간의 마실 물과 사과 한 개, 그리고 나의 영혼을 지켜줄 책 한 권이 담긴 배낭을 어깨에 메고 있다. 이 정도면 충분하다. 게다가 힘들 때 나를 온전히 지탱해 줄 수 있는 가느다란 지팡이도 손에 쥐고 있지 않는가. 이제부터 다시 한 발 한 발 조심스레 내디뎌도 괜찮다고 넌지시 산이 말을 한다. 색으로, 소리로, 촉감으로, 때로는 쌉싸름한 향기로. 가야 할 산 정상은 아득히 멀어 아직도 여전히 흐릿하기만 하지만, 단언컨대 저만치 눈앞에 있다.

'숲을 향하여 난 작은 길을 걸어서 차마 떨치고 가신 님[*]'이 저만치 한 발 앞서 희미하게 보인다. 나는 이제 천천히, 발맘발맘 걸어 들어가면 될 뿐이다.

---

[*] 숲을 향하여 난 작은 길을 걸어서 차마 떨치고 갔습니다.
   ~한용운 '님의 침묵' 중에서

쇠똥구리 철학

 한 발 내딛는 발끝이 얼쑹하다. 알몸으로 달빛을 받아들이기 버거운 등산 모자가 신발 밑에 깔린다. 변죽을 잘근잘근 밟지 않고는 한 발도 앞으로 나아갈 수 없는 형국이다. 문득 소월의 영변 약산 그 진달래꽃의 안위가 걱정스럽다. 행여 옛 시인의 발끝에 모조리 스러진 건 아닐는지? 게정대는 듯한 달빛에 까맣게 속살을 태우고, 낡은 등산화에 지르 밟혀, 날이 새기도 전, 한 올 흔적 없이 짓이겨질 운명만은 아니길……

 잘근 잘근 은결든 어둠이 시리도록 아픈 통증을 느끼지 못한 채, 마취주사를 맞은 환자처럼 납작하게 내려앉아 있다. 밤은 만물 형상을 일차원의 평면으로 반듯하게 눕게 하는 주문이라도 외는 걸까? 낮에는 둥글넓적하고 더러는 뾰족해 어르다 매질하는 사이코패스처럼 종잡을 수 없던 바위 더미들이, 지금 이 순간만큼은 밋밋한 강판을 종이처럼 펼쳐놓은 듯 차분한 모습으로 만져지지 않는다. 360도 몸을 비틀어 훑어보아야 까칠하게 각지거나, 어둠을 이탈한 큰솔 같은 덩치 큰 녀석을 가까스로 조금 내비칠 뿐이다.

 강파른 암릉길. 큰맘 먹고 야간 산행에 나선 발걸음을 멈춰 세운 바위가 기이한 횃불 모양을 하고 있다. 불은 꺼져 있다. 아니 태초로 한 번도 켜지지 않은 채 차가운 휴화산으로 살아온 것인지도 모르겠다. 마치 진리란 애당초 없는 것이라는 듯이 존재하지 않는 불꽃. 나는 눈으로는 볼 수 없는 그 불꽃의 심장을 찾아 마음속 마그마를 더듬거리고 있다. 이미 나처럼 마음속에 불꽃같은 마그마를 하나씩 품은 사람들이 하나둘 앞서거니 뒤서거니 허전거리며 산행을 하고 있다. 모두가 한결같이 속은 거뭇빛으로 타고 있는데, 불타는 가을은 까마득히 멀다.

 아까부터 산정에 바짝 달라붙어 있던 달이 어느새 까치발을 해도 닿지 못할 곳으로 달아나 있다. 멍석바위에 앉아 잠시 내려다 본 마을은 평화롭다. 가가호호家家戶戶 뚫린 창문마다 전등불은 꺼져있고, 반쯤 열린 현관문 틈 사이로 가느다란 실바람만 허락 없이 오고 갈 뿐이다. 무슨 거룩한 신념이라도 있어 탁 트인 신작로를 부러 거부하고, 애써 고집스럽게 잡풀 무성한 산길을 따라 걸어온 삶은 아니었건만, 뒤돌아 내려다본 나의 인생은 검부러기로 가득하다. 평화의 마을은 손 내밀면 와락! 잡힐 듯 가까운데, 지나온 길은 어두운 무채색뿐이고 차가운 달은 유독 멀리 떨어져 있다.

 산정 아래 계단이 짧다. 천계天界에 이르는 길이 느닷없이 이렇게 짧아져도 되나 싶어 사뭇 당혹스럽기까지 하다. 뽀작거리는 감성시感性詩 한 편을 읽고 난 뒤에 느끼는 허기와 갈증이 치솟는다. 제법 넓은 잔디밭 위에 정상석이 놓여있다. 일필휘지一筆揮之로 휘갈겨 쓴 이름, 백. 화. 산. 천산 만 개의 봉우리가 부럽지 않은 풍경인데, 마음은 허허롭다.

 코끝을 맴도는 밤의 알싸한 향기가 폐 끝까지 파고든다.

태안 삼존불 마애磨崖의 미소가 야릇하다. 서산의 그것과는 사뭇 다른 느낌에 한 발 뒤로 물러나고 만다. 산중 산사 처마끝 달빛이 밝다. '양지와 멀어진 응달의 삶이 이러하려나?' 석벽 빈틈에 얼비친 별빛의 유혹이 산만하다. 까닭이야 내 알 수 없지만, 산중 골이 깊다. 여전히 밤은 깊고, 새벽은 아직 까마득히 멀다.

엉버틈한 바위와 바위 사이, 한뎃거리는 야생화의 무절제한 뒷담화에 본능적으로 귀가 솔깃 선다. 가만히 엿듣는다.
속이 상한다. 뒤에서 하는 말이 좋을 수 없다는 오래된 친구의 조언이 맞았다. 스멀스멀 치오르는 역한 꽃의 미소가 태을암 해우소 문고리에 걸렸다. 날이 밝으면 고슬고슬 잘 마른 따뜻한 햇볕을 모다 모아 한바탕 소독을 해야 할 것 같다. 그렇게라도 해야만 살 것 같다.

발목이 뻐근함을 느낄 무렵이 되어서야 비로소 도로 위에 설 수 있었다. 누군가 앞서가고 있다. 일흔일곱 나이 지긋한, 젊은 동문리 이장이다. 앞선 발걸음이 빨라짐을 직감한다. 따라가 본다. '끝이 보이는 걸까?'

"어르신, 댓바람에 어넬 그리 가세유?"
"……"

대답이 없다. 묵묵히 그의 뒤를 따라가 보지만, 시간이 지날수록 그림자만 길게 늘어지고 만다. 이장은 이미 벌써 동문 밖 이십 리는 거뜬히 지나가고도 남았겠다. 종종거리는 나의 짧은 보폭을 원망해 보지만, 해찰궂은 다리로는 쉽게 쫓을 수 없는 웅숭깊은 깨달음임을 알기에 애써 기죽지 않기로 마음을 다잡는다.

동문리 이장을 따라 바닷가 신두리에 이르렀다. 어느 해 겨울, 앞서 다녀간 어느 선지자가 태안 사구砂丘에 방생했다는 역사 속 쇠똥구리의 존재를 나는 쫓고 있다. 잘 마름질한 배냇저고리 한 벌 달랑 입혀놓고 나침반 하나 줄자 한 개 고사리 같은 손에 쥐여주지 못한 애옥살림이었기에, 나는 오로지 나의 몸속 달팽이관에 의지해 스스로 방향을 잡아야 했다. 구르는 경단의 원둘레의 길이를 가늠할 수 없었으므로, 두 팔 뻗어 옆집 또래 아이들과 상생을 도모해야만 했다.

태초로부터 홀로서기와 줄탁동기, 더불어 살기에 익숙해진 몸이다. 그때의 아이들은 뿔뿔이 흩어져 이제는 아무도 없다. 그저 우러러 바라보는 바다는 여전히 푸르고 넓은데, 사각대는 모래알은 모였다 흩어졌다 반복하며 주변을 기웃거릴 뿐이다. 여기서 나는 어디로, 어떻게 가야 하나? 이 거친 모래섬 너머 느넓게 펼쳐진 길맷빛 시해바다는 철썩철썩 알 수 없는 언어로 울부짖을 뿐이고, 이곳이 차안此岸도 피안彼岸도 아니라고 아무도 알려주지 않고 있는데, 이장은 벌써 저만치 사라져 모습조차 희미하다. 이제는 구르는 일만 남았다.

죽방멸치의 유혹

 영암이다. 천상계天上界가 따로 없다, 안산서 350km 편도 4시간 30분 떨어진. 이제 저 다리 하나만 더 건너면 하늘 끝에 닿을 수도 있을 성싶다. 남해 보리암을 갈까, 고흥 팔영산을 갈까, 내친김에 둘 다 다녀올까 한참 고민하던 끝에, 이곳도 저곳도 아닌 영암 월출산으로 향했다. 그렇다고 해서 남해나 고흥을 아예 접은 것은 아니어서, 영암 지도와 함께 등산 배낭 포켓 속에 금산과 팔영산의 산행 지도도 함께 구겨 넣으며, 가능하다면 '2일 3산'을 한번 해 보리라는 마음을 다부지게 먹었다.

 '월출산月出山', 예쁜 이름만큼이나 참 아름다운 자태를 뽐내는 이 산을 처음 소개받은 건 지난 주말 한 프로그램에서였다. 무료한 오후, 무심코 돌린 TV 채널에 얻어걸린, 한 방울의 땀도 흘리지 않은 채 행운의 복권에 넙죽 당첨된 셈이니, 어쩌면 인생도 구메구메 머리 싸매고 고민하면서 복잡하게 살 일만은 아닌 듯싶다.

 '월月. 출出'은 '달이 뜬다.'는 말이다. 지극히 동적이면서도 정적인 그 언어의 의미를 이해하게 된 건 순식간의 일이었다.

천황 탐방지원센터에 도착했다. 등산객들이 아직 보이지 않는다. 제법 이름난 산치고는 너무 휑하다. 내려앉은 운무 때문에 마주한 산의 형체를 도무지 알아볼 수가 없다. 이대로는 산행을 시작할 수가 없겠다 싶어 잠시 주변을 둘러보기로 했다. 주차장 앞 화장실 불빛이 밝다. 산행 후 손을 씻기 위함인지 마른 목을 축이라는 배려인지 알 수는 없지만, 야외 수도꼭지를 틀자 차가운 물이 콸콸 쏟아진다. 아직은 쌀쌀한 봄이다. 풍성한 나뭇잎이 그늘을 만들기엔 아직 이른 계절. 어둑어둑한 숲이 여전히 길을 열어놓지 않고 있다.

소나무의 허리가 굽어 있다. 어느 시골장터에서 꾸부정한 모습으로 앉아 있는 시골 할머니를 보는 듯 정겹다. 그날의 개시開市를 학수고대하면서도 마음만은 여유로워 입가에 옅은 미소를 머금고 있는, 문득 이 산의 나이가 궁금하다. 한 번 쓰윽 쓰다듬어 본다. 거친 겉껍질 속 억년의 따뜻함까지는 아니어도, 장거리 운전에 위안을 줄 만큼의 포근함을 느낀다.

뽀얗게 깔린 운무가 걷히자 살짝 내비친 월출산의 모습이 까무러치게 아름다웠다. 느닷없이 다가온 전라全裸의 여신과 마주쳤다. 달빛 아래 얼비친 자태에 깜짝 놀라 올려다 본 하늘이 병풍을 끼고 앉아있다. 누가 운무에 몸을 숨긴 채 한 폭의 수묵산수화를 그려 놓고 간 걸까? 겸재 정선, '고산유수高山流水' 이학봉 화백, 아니 아니 이름 없는 화가라도 괜찮겠다. 나라도 이런 날에는 커다란 캔버스에 이젤easel 하나쯤 들쳐 매고 이 산을 열 번쯤 오를 수도 있을 것만 같다.

살아 꿈틀대는 동적인 산을 오른다. 시골 할머니의 미소처럼, 어느 화가의 그림처럼 지극히 정적인 풍경에 빠져든다.

천황사 삼거리 갈림길에서 시루봉으로 향하는 능선 길로 망설임 없이 향했다. 심산계곡에 파묻혀 고개 숙이고 걷는 사람은 산을 제대로 알 수가 없다. 오직 큰 산을 보고자 하는 사람은 마땅히 능선을 타고 고개를 치켜세우며 올라야만 한다는 게 나의 산행 철학이다.

철 계단 끝 전망대가 발아래 길게 놓인 구름다리를 내려다보고 있다. 반대편 육 형제봉의 머리를 세어본다. 하나둘, 셋, 넷…… 마지막 봉우리 허리춤에 구름 한 조각이 걸려있다. 어린 엄마의 치마폭을 붙잡고 유치원에 가기 싫다고 막무가내로 떼를 쓰는 어린아이를 닮았다. 실랑이의 끝이 항상 그러하듯, 구름이 바람의 손에 이끌려 산을 타고 흘러 흘러서 어디론가 간다. 통천문이 좁다. 좁은 바위 틈 사이를 헤집어 불어오는 바람이 내 등을 살짝 떠밀고 있다. 살면서 누군가의 작은 배려가 큰 힘이 될 때가 있다. 지금 저 바람처럼. 발걸음이 한결 가벼워짐을 느낀다. 조금 전 지나온 너덜지대에서의 투정 따위는 까마득히 잊기로 한다.

정상은 탁 트인 하늘과 맞닿아 있다. 해발 810m를 알리는 표지석 앞에 천 단위 숫자 1을 하나 더 새겨 넣어도 나무랄 데 없겠다. 만약 드론 영상으로 위에서 내려다본다면 하늘을 나는 새의 형상을 하고 있기라도 하는 걸까? 정상석 이름이 '천. 황. 봉' 이다. 단언컨대, 이곳 어디쯤에 봉황 한 마리가 몸을 숨긴 채 나를 주시하고 있을 것만 같다. 봉황의

왼쪽 날개 아래에서 비릿한 꽃내음이 나는 듯하여 발걸음을 그쪽으로 옮겨본다. 천상에서 철없이 뛰놀던 어린 여신의 치맛자락을 스쳐 지나온 바람의 향기가 이러하려나? 낯선 향긋함에 두 눈이 번쩍 뜨이는 듯 새로운 힘이 솟는다.

 바람폭포 낙숫물 소리에 달팽이관이 얼얼해졌다. 맞은편 구름다리 끝에 서서 연신 나를 바라보는 누군가의 눈빛이 반짝인다. 빽빽한 산중, 여백 같은 그림 속 아득히 먼 지점에 먹물 한 방울 떨어트려 놓은 것 같다. 화룡점정畵龍點睛, 점 하나가 온전히 나의 마음을 사로잡는다.

 '멀리서 바라보면, 나도 저렇게 작은 점으로 보이려나?' 어쩌면 세상은 점과 점으로 그리는 한 폭의 점묘화일지도 모를 일이다. 점과 점이 만나 서로 겹쳐 더 큰 세상을 만드는 것은 아닐는지. 고즈넉한 풍경 속 독립된 객체로서의 나와, 공동체로서의 우리를 생각하게 한다.

 포켓 속 잠시 잊었던 지도를 꺼내 본다. 모질게 구겨져 있다. 버리기엔 좀 아쉽다. 지친 몸뚱어리를 일으켜 손수 운전을 하면서 가야하는 길은 까마득히 길지만, 마음속으로 갈망하는 그것은 짧다. 예서 동쪽으로 자동차 핸들을 꺾어 한 시간쯤 내달리면 남해에 닿을 수 있을 텐데……

 남해길, 어스름 해가 저물고 있다. 오붓한 바닷가 멸치쌈밥 한 상이 불쑥 튀어나와 나를 유혹한다. 식당 문을 열고 들어서니 죽방에 걸린 멸치 한 마리가 어서 오라고 '꾸벅!' 인사부터 해 댄다. 팔방미인八方美人이다. 쭉 뻗은 멸치의 유혹에 너무 쉽게 빠져드는 내가 우습다.

    자박하게 조려진 냄비 속 멸치가, 오늘 새벽 남쪽 바다를 한 입에 통째로 품었을 한 생명이 단박에 나마저 품어버릴 본새다. 기꺼이 배를 갈라 꺼내놓은 내장에서 비릿하면서도 구수한 바다 향기가 난다. 불현듯 월출산 정상 그 꽃내음이 예서 비롯되었나 생각하니 헛웃음이 난다.

    주머니를 뒤져 구겨진 지도 따위는 휴지통에 욱여넣었다. 남해 금산과 고흥 팔영산 산행은 예서 잠시 잊기로 한다.

남해, 해를 품다

　이른 새벽, 남해 원천항에서는 갓 결혼한 새색시가 사각사각 홑이불 개는 소리가 난다. 강구연월康衢煙月, 가만바람에 삐거덕거리는 허름한 민박집 대문 틈 사이로 밀려들어오는 비릿한 바다 내음이 서그럽다.

　소금기 가득한 짠 바람에 한 귀퉁이 떨어져 나간 낡은 민박집 간판을 졸린 눈으로 바라본다. '*** 남해'라는 글자가 유독 선명한 아침이다. 파사현정破邪顯正 하는 마음으로 배시시 눈을 비벼 마른 눈곱 같은 아침을 떼어내 본다. 문설주 밑으로 살금살금 지나가는 검은 고양이와 눈이 마주치고 말았다. 어릴 적 '무궁화 꽃이 피었습니다.'를 목 놓아 외치던 술래에게 딱 걸린 코흘리개 사내아이처럼, 잠시 잠깐 정지된 화면 속 정적이 흐르는가 싶더니, 오고 간 교감을 미처 해석할 틈도 없이 유유히 사라지는 고양이……

　서울서 자동차로 5시간을 쉬며 달리며 찾아온 곳. 새벽하늘 무수히 빛나는 잔별 중에 작은 별 하나에 불과한 낯선 이와의 눈맞춤을 전혀 개의치 않는 순수함에 억겁의 인연을 생각한다. 비록 찰나의 순간일지라도 회색빛 본능으로 움츠러들었던, 몸에 밴 경계심으로 이내 굳어버린 나의 근육과 시신경의 옹졸함에 부끄러움을 느낀다. 두 번째 서른 살 즈음에 다시 찾은 남해에서 두 번째 향수鄕愁를 느낀다. 소리 없이 묵묵히 제 갈 길을 찾아간 검은 고양이의 보이지 않는 발자취를 쫓아 사각대는 몸뚱어리를 일으켜 자늑자늑 하루를 시작해 본다.

"벌써 인났오? 어데 갈 요량이오?"
 저만치 흐릿한 그림자로 있던 민박집 할머니가 말을 걸면서 다가온다.

"산에 가려고요, 할머니. 금산이오."
 "아, 게도 좋지만 호구산도 괜찮으이. 호젓하고, 아래뜸에 미국마을도 있고, 나중에 짬 나거들랑 한번 가보시구려."
 운무 낀 새벽 텃밭. 부지런한 할머니가 소맷자락에 달라붙은 이슬방울을 툭툭 털어내며, 옹이 굵은 손가락 끝으로 가리킨 곳에 산이 있고, 그 밑에 작은 마을이 어렴풋이 보인다. 정상부 암릉이 멋스럽다. 마을 입구에 '자유의 여신상'이 있다고 했던가? 식당 하나 없는 번잡하지 않은 마을이라고 했다. 순간, 구미가 당겼지만 애당초 일정에 없던 일이라 다음을 기약하기로 한다.

 질항아리 뚜껑 위에 얼비친 아침 햇살이 솜이불처럼 함함하다. 잎 푸른 푸성귀가 손바닥 넓이만큼 벌써 자라있다. 해풍海風을 양분 삼아 자란 탓인지 할머니가 차려주신 아침 밥상 나물 반찬에서 짭조름한 소금 알갱이가 사각사각 씹힌다. 살 구워진 '겉바속촉' 생선을 마파람에 게눈 감추듯 날름 발라먹고 남해금산으로 향했다.

쌍계사의 말사末寺인 남해금산을 오르는 길은 잘 쓸어놓은 산사山寺의 앞마당 같다. 활엽수의 넓은 잎들이 옅은 그늘을 만들어, 늦은 4월의 봄을 차렵이불처럼 살포시 덮고 있다. 한때는 보광산 보광사普光寺라고도 불렀다. 강원도 양양 낙산사 홍련암과 전남 여수 금오산 향일암, 인천 강화도 보문사와 더불어 국내 4대 관음 기도 도량으로 잘 알려진 곳인 만큼, 찾는 길에 무리는 없다. 문득 동쪽으로 난 샛길에서 상큼한 마늘향이 배어난다. 신라석탑 왼쪽 좌선대에 사뿐히 올라앉아 본다. 원효대사가 다리 괴고 앉아 외던 법문의 한 자락이라도 이해할 수 있는 머리라면 좋겠다. 머리로는 도무지 이해할 수 없는 대자연의 이치라면 가슴으로나마 둥글게 느껴보고 싶다. 하지만, 머리와 가슴 어느 것 하나 멀쩡한 곳이 없으니 들릴 리가 없다.

아쉬운 혼잣말을 뒤로하고 쌍홍문으로 향한다. 어두운 동굴 닮은 쌍홍문 아래로 보일 듯 말 듯 드넓게 나풀대는 남해의 치맛자락이 유독 밝고 맑다. 중저음의 법문은 없고, 맑고 투명한 고음의 테너 운율을 타고 아름아름 떠오르는 두 편의 시詩가 느닷없이 단청 아래를 맴도는 산중 아침이다.

> 한 여자 돌 속에 묻혀 있네.
> 그 여자 사랑에 나도 돌 속에 들어갔네.
> 어느 여름 비 많이 오고 그 여자 울면서 돌 속으로 떠나갔네.
> 떠나가는 그 여자 해와 달이 끌어 주었네.
> 남해 금산 푸른 하늘가에 나 혼자 있네.
> 남해 금산 푸른 바닷물 속에 나 혼자 잠기네.
> ― 이성복 시인의 [남해 금산] 전문

> 남해 금산 보리암 절벽에 빗금 치며 꽂히는 별빛
> 좌선대 등뼈 끝으로 새까만 숯막 타고 또 타서
> 생애 단 한 번 피고 지는 대꽃 틔울 때까지
> 너를 기다리며 그립다 그립다
> — 고두현 시인의 [별에게 묻다] 중에서

되뇌어 곱씹어도 시인의 시상詩想을 온전히 알 수는 없다. 잠시 잠깐 골안개 낀 논틀길 언어의 행간을 흐르는 녹진한 시인의 과거를 되짚어 본다. 서둘러 툭툭 먼지를 털고 일어난다. 저 멀리 발치 아래 보리암이 성큼 다가온다. 백일기도 하던 이성계의 간절함이 조선왕조의 새 문을 열었듯이, 지금 이곳 비손하는 숱한 이 시대의 모든 어머니와 아버지의 마음이 다 그러하리라 생각하니, 절로 옷깃이 여며진다.

우뚝 솟은 기암절벽 사이사이 무수히 많은 푸나무를 뒤로하고, 일찌감치 미조항으로 향했다. 멸치축제를 알리는 현수막들이 엷은 바람에 돛대처럼 하늘거린다. 유심히 살펴보니 5월에 행사가 시작된다고 적혀 있다. 어쭙잖게 때가 맞지 않는다. 아쉬움에 맛집을 검색해 본다. 이른 봄, 면면촌촌面面村村 연둣빛의 마을 밭이었을 4월의 남해는 이미 갈맷빛이 무성한 상태다. 거안제미擧案齊眉, 잘 차린 멸치쌈밥 한 상을 정성스레 내어오는 젊은 아주머니의 미소에서조차 고소한 멸치 내가 났던, 고릿적 허름한 식당을 어렵지 않게 찾았다. 이제 겨우 11시가 조금 넘었을 뿐인데, 예나 지금이나 여전히 대기 줄이 길다. 유리문을 열고 들어서니 꾸벅하고 죽방에 걸린 멸치 두 마리가 반갑게 인사를 한다. 번호표부터 뽑았다. 다행히 앞자리가 짧아지고 있다. 뒤통수로 엿듣는 각양각색 사투리의 향연이 즐겁다. 새벽 졸린 눈 비비며 우려낸 셰프의 멸치육수만큼이나 걸쭉하니 맛깔스럽다.

"우짜제?"
"게안타. 기다리면 되지, 뭐 대수라꼬"
"아야, 그란디 쩌그 저것이 뭐다냐?"
"아, 거시기가 죽방이라는 것이어요. 들어봤지요? 함 TV에서 봤잖여요."
"어매, 애달구로 벌써 13번이네."
"아따 허벌라게 기네."
"What is anchovy ssambap?" (멸치쌈밥이 뭔가요?)
"Eating stewed anchovies wrapped in wraps." (멸치를 쌈에 싸서 먹는 것이야.)
"줄이 긴데, 딴 데 가죠?"
"징하게 개미징께 늑진하게 쪼매 기다려 보자."

지글지글 잘 조린 멸치쌈밥에 경상도 사투리 한 젓가락, 전라도와 충청도 뒤범벅 한 숟가락 연거푸 떠먹고 나니, 그 읔한 포만감에 늦은 봄 도둑처럼 찾아드는 춘곤증도 날려버릴 것만 같다. 나만큼 토속적인 음식에 적잖이 흥분한 외국 여행객들의 주고받는 이야기까지는 다 알아들을 수 없어도, 해맑게 웃는 표정에서 그 마음을 어름어름 짐작해 본다.

느닷없이 는개가 온다. 여름비는 잠비, 가을비는 떡비, 겨울비는 술비, 봄비는 일비라 했던가? 누룩 내가 채 가시기도 전에 내리는 비가 반갑지만은 않으련만, 마땅한 비옷도 없이 밭일을 계속하고 있는 늙은 농부 부부의 금슬지락琴瑟之樂이 수평선에 걸려있다. 오고 가는 사람들의 실루엣이 조금 촉촉해질 무렵, 드디어 남해 독일마을에 닿았다. 잠시 잠깐 내리던 여우비가 그친 마을은 해맑다. 동화 속 어느 한 페이지의 무대처럼 절제된 깨끗함이 이러할까? 계절을 한 발 앞선 금계국이 울타리 한쪽 돌 틈에 성급히 피어 있는가 싶더니, 그 옆자리 금낭화가 곱다.

 늦은 4월의 독일마을은 봄과 여름이 깍지 끼고 한바탕 어울려 춤추는 동심童心의 놀이터다. 둥근 아치 모양의 붉은 벽돌로 된 출입구가 탄탄해 보인다. 성당 지붕 위 첨탑을 쏙 빼닮은 뾰족한 민박집 꼭대기에 동그랗게 매달린 순백의 바늘 시계가 새하얀 달 항아리인 양 깨끗하다. 솔직하고 꾸밈없는 독일인, 부지런하고 근검절약하는 독일 교포 한국인의 정서를 짐작하게 한다.

 남해 바래길 6코스 죽방멸치길의 중심인 '물건리 방조어부림'이 150m 떨어져 있음을 알리는 이정표가 커다란 돛단배 모양을 하고 있다. 방조어부림은 300년 전에 심어 가꾼 인공 숲인데, '이 숲을 헤치면 마을이 망한다.'는 전설傳說이 전해져 내려오고 있다. 그래서 그런지 빽빽한 숲이다. 물고기를 유인하는 어부림의 역할뿐만 아니라, 홍수 피해를 막는 역할 또한 하고 있다. 문득 마을 사람들이 수호신守護神으로 여기고 있다는 이팝나무의 자태가 궁금해진다. 프레첼 빵 한 조각이 4,500원이라고 적혀있는 빵집의 메모장이 식욕을 자극한다. 가장 토속적인 남해의 말단에 이토록 이국적인 마을이 들어앉아 있다는 것이 이채롭다. 이런 보색補色의 풍경을 마주하는 것만으로도 포만감을 느낀다.

누군가 어제오늘 이곳 남해에서 가장 인상 깊었던 것 하나만을 콕 찍어 알려달라고 다소 가혹한 질문을 던진다면, 나는 주저 없이 집을 꼽을 것 같다. 뭐니 뭐니 해도 제일 눈에 띄는 것은 집, 아니 지붕이다. 온통 아프리코트Apricot 다홍색의 립스틱을 발라놓은 것 같은 붉은 지붕에서 젊은 날 소녀의 립밤 향기를 맡는다. 펠리스 카페, 당케 슈니첼 같은 독일식 이름과 철수네 집, 해오름 예술촌 같은 토속적인 이름에서 가물가물 누군가의 이름을 떠올려 본다.

광부로 혹은 간호사로 일을 하기 위하여 독일로 건너간 1960년대 누군가를 누구는 '아버지 어머니'라고 부르고, 다른 누군가는 '오빠 언니 혹은 삼촌 이모'라고 부르면서 자라온 교포들의 정착을 돕기 위하여 만들어놓은 간곡한 삶의 터전이다. 하여, 남해의 산과 푸른 바다가 두 팔 벌려 보듬어 안아 키운 이곳에서 지금 내가 느끼는 사랑은 은결든 가족애家族愛다. 자닝한 망운지정望雲之情 동포애同胞愛이며, 간곡한 희망希望이다.

해 질 무렵, 바다에 반쯤 잠겨있던 산언덕에 홍건한 유채꽃이 나풀거린다. 푸른 바다를 향하는 망수의 손짓이 분주해지면, 단사표음簞食瓢飮에 난의포식暖衣飽食은 아니어도 그날 저녁 밥상 위에 누렇게 질 구워진 생선구이 두어 마리쯤 쉬이 올라왔으니……

물건항 수면 아래로 풍덩 빠져드는 봄의 태양빛이 찬란하다. 격하게 푸르른 남해의 바다가 숨 막힐 듯 달려온 뜨거운 태양을 품고 있다. 그 속에는 비릿한 추억 한 조각, 웃픈 여우비 한 줄기, 망수의 소망 한 바구니쯤 녹아있다. 새뜻한 서리꽃이 필 때면, 일터로 나가는 아버지의 고봉밥 옆에 시원한 동치미 한 사발 올려놓기 위하여 서둘러 장독대로 향하던 젊은 날 어머니의 모습과 포갠 듯이 중첩되는, 남해 바다는 이 모든 것을 일일이 품는 번거로움을 대신하여, 털털하게 그저 거저 지는 해를 품고 있는지 모를 일이다.

바라보는 저녁답 노을빛이 애섧게도 참 곱다.

떵긋떵긋 군산별곡群山別曲

명사십리 발 담그니 모래밭에 움찔! 싹이 튼다. 배낭끈 질끈 잡아당겨 대각산(187m) 솟구치니 금빛 망주봉(152m) 은빛 대장봉(142m) 발치 아래 늠름하다. 장자 할매바위 '영감, 설운 내 영감!' 울어대는 밤 지나고 새벽닭 울면 전설처럼 장자도 어느 민박집 부뚜막에서는 화들짝! 눈내 나는 봄볕 몽글고, 에두르고 휘몰아멀리 흘러온* 금강 탁류에 맑은 핏빛 더해져 꼼지락꼼지락 꿈틀! 서해바다 일어서리.

봄이다.
계절이야 진즉에 왔지만, 바야흐로 체감하는 군산의 봄은 이제부터 시작이다.

아직은 무녀도 염전 뜨겁게 달궈지기 전, 바지런한 군도 63개 섬 주렁주렁 시저리로 달렸구나. 고대로 채반에 박대 널어 말려 푸성귀 얻곤 하던 우리 할매 '아해야, 아가야! 때 되었다 밥 챙겨라.' 어린 나를 부르는지 내 어미를 부르는 것인지. 서해 갈매기 군무群舞짓 한 번에 노 한 번 따라 젓던 할배는 산숭 노란 수선화로 얄궂게 피어지고, 젊은 어부 포획하는 갯벌엔 새까만 바지락만 바지락! 사철 없이 초록 댓

---

* '에두르고 휘몰아 멀리 흘러온 물'
　소설가 채만식(1902~1950)의 장편소설 「탁류」에서 일부 인용함.

잎 영락없어 한들거리는, 철부지 사내아이들 흥얼흥얼 콧노래 불러대는 고군산군도 어느 섬엔들 곯은 배 한껏 채워줄 논틀길 뻗어 있을까.

　쌉싸름한 푸새 들판에는 능놀아 겨우 서너 포기 풀어읊만 자라있고, 연두 빛깔 고운 고들빼기 새순 꺾어 대바구니 가려 던지는 아낙네 손길은 섧도록 한가한데, 아직 열리지 못할 꽃봉오리가 쫑긋! 훔쳐보고 섰다. "이리 고운 것이 추분 겨울 우째 났을까나!" 인고忍苦의 눈석임물 같은 노모老母의 안부는 안으로 안으로만 차고 넘친다. 송골송골 맺힌 짠맛의 원천이려나. 알면서도 모르는 척 모질게 살아온 이순耳順의 나 또한 이러한데, 하물며 한평생 섬과 섬에 둘러 묻혀 허리띠 졸라매고 등조차 굽은 노인네 타는 가슴이야.

　섬에도 꽃은 핀다.
　은비늘 금비늘 씨실 날실 삼아 사운대는 바닷바람이 한 땀 한 땀 열도의 봄을 엮는다.

　몬존하던 군도가 벙글어 들썩인다. 뒤설레는 맛조개, 모시조개, 바지락, 놀게, 달랑게, 굴같이 앙당한 동네 꼬맹이들 어찌 알아 순둥순둥 죄다 불러 모았는지? 검붉은 된장 골마지 걷어내고 거하게 한 손 풀어 지난가을 들기름 담뿍 두르면, 나라도 조물조물 거안제미擧案齊眉 거뜬히 찰진 한 상 차려낼 성싶다. 비릿한 단맛에 구릿한 미소 곁들인 소박한 인심으로 배꼽 아래 통통 두드리며 얼라디여! 한바탕 소리 내어 웃는다 한들 누가 있어 삿되다 하리오. 올해는 대장봉 꼭대기에 동백꽃이 조금 늦게 피었다지? 봉두난발蓬頭亂髮

아니어도 낮은 섬 아랫도리에는 벌써 샤스타데이지 네댓 송이 설핏하게나마 나름 새하얀 자태 뽐내나니, 해 너머 끝섬(말도末島) 등대 환하게 불 밝기 전 서둘러 알록달록 두상화頭狀花 피어날 기세로다. 한여름 뜨거운 태양빛을 모방한 육지의 봄꽃도 이렇듯 거쿨지지는 못하리라.

이어 올 다음 계절 생각에 조금은 두두룩한 마음 진정시킬 요량으로 하늘을 본다. 어느 빛이 하늘빛인지 어느 빛이 바다 빛인지 구분하는 것조차 상된 저녁이다. 아직은 맑고 투명한, 그래서 숨 쉴만한 세상! 오롯이 텅 빈 섬 하늘만 아까부터 살근살근 내 속을 내려 읽고 있었구나. 낮은 사람은 키 낮은 탓에 먼 육지 한번 제대로 바라본 기억 없어 허투루 달뜬 마음만 동동거린다.

선유도 선착장에 느닷없이 불쑥! 검기울어 해지고 나면, 동쪽 섬 안돌이 어디쯤 다시 떠오를 그것을 준비하는 누군가 있어 내일 하루도 간절한 소망 품게 하는지. 대장봉 동백나무 가쟁이 끝에 만개할 새로운 꽃봉오리도 이럴 땐 얄궂다 말 못 하리. 끝 모를 바다 한가운데 두 손 마주 잡고 더불어 유영하는 젊은 연인 같은 바다 것들도 천만년 차깔하는 사랑 약속했으려나? 선유, 무녀, 장자, 대장 겨끔내기로 바꿔 날아드는 백의민속白衣民族 같은 흰 갈매기의 사분거리는 날갯짓에 새하얗게 붉은 홍조를 거둔다. 저는 무어라 여기에 살고 있는가? 나는 무어라고 예서 지금 서 있는가? 생존 혹은 영원, 자유와 권태, 낭만 또는 설움, 아뿔싸! 풍요와 포만. 무엇도 오늘은 답이 아닐 성싶은데……

옛 군산 야시장 가려 앉아 모시 같은 날개 모질게 접으면 맑은 곡주 한 사발만으로도 박대 안주 부럽지 않으니, 비록 육처은 진포 해전 한복판일망정 밭은 밧줄 움켜쥐고 무던하게 부르던 노동요 있어 내일은 정녕 힘들지 않으리. 불러 볼까, 희망 노래. 신선 마주 앉아 바둑 두는 흐벅진 선유도 오래된 마을 레트로 정취 찾아 불콰한 봉충걸음일망정 한 번 더 뒤뚱거려 볼까, 예서. 지금은 오늘은 행여 어느 날이어도 괜찮으리, 나는.

        떵긋떵긋 덩산인가 덩덩구 덩산인가
        더덩긋다 덩산인가 널러가는 학선인가
        덩덩긋 덩구야 덩덩구 덩산인가
        덩긋산이 덩긋산이 널러가는 학선인가
        둥구바대 꽃갬인가 하구영산 아즈맨가
        정산단에 알뺌인가 뱃속으서는 애기가 놀고
        물속으서는 잉에가 놀고 악수장의 쌍압지고
                ― [어름마타령] 군산지역 구전민요

    석정의 대바람소리
    가슴에 울려나던 시인 있었지
    내 고향에도
    비단강 끝자락 탁류 넘실대는
    본정통 전주통엔 미두꾼 득실대고
     뜬다리 부두며 장미동 창고엔
    오사카로 떠나는 쌀가마 가득했지
    조계의 땅, 군산
    (중략)
    시인이 시인을 추억하는
    새해 이른 아침
    그리움 때문일까

멀어지는 봄날 때문일까
글썽이는 반도여 섬들이여
— [글썽이던 홍안] 이병훈(군산 출신, 1925~2009)

'나의 눈이 비록 어둡다 한들 당신의 밤조차 모르겠습니까. 기억합니다, 당신을. 오늘의 심장이, 다시 올 아침까지도 끝끝내 당신을 그러안고 맙니다. 그것이 내가, 우리가 열렬히 싹 틔우는 고군산군도 흩어져 선방 같은 섬들을 하나의 꽃으로 묶고, 끝끝내 다보록한 계절 차고 넘치는 향수로 동여매 똑같은 크기로 천년만년 어르고 사랑하는 까닭입니다.'

시인 고은이 노래한 [노래섬]에 고기잡이 혼령이 며칠 밤낮으로 불고, 맥문동 바다 보랏빛으로 물들 때를 기다려 침잠하는 작은 금강산 장자도의 꽃은 불풍난 장자어화 壯子漁火 라…… 밤은 깊어도 노랫소리 저릿하다. 이대로 멈춰 선 채로 봄여름 가을 맞아 전어 꽃게 사람 부르는 비릿한 아침 앞바다 보고 파라. 호미질 한 번에 갯벌 바스락! 자지러지게 몸을 털고, 흩어져 튀는 모래알처럼 백사장 이곳저곳에 새롭게 생긴 카페의 고혹한 향기가 새파란 4월의 청보리 이삭처럼 상큼하고 싱그러운 청춘들 삼삼오오 끌어당기는 이곳을 나는 감히 '고향'이라 부르려 한다.

나의 육肉이 한 백 년 잠시 머무는 곳, 들판에 봄 아지랑이 피어오르듯 바다 위 마냥 꼼지락거리다가 필연의 인연의 끈으로 묶여 축복처럼 나의 혼魂 이끌어낼 곳. 내 진정 살포시 누천년累千年 내려앉아 숨 쉴 이곳을 사람들은 극락

정토極樂淨土 천국天國이라 명하고, 한나절 마실에 한껏 숨찬 나는 제풀에 애써 비사쳐 '고군산열도'라 말한다. 떵긋떵 굿 얼라디여!

봉선지 물버들길

은빛 물결 허리춤 전대 걸치고 출렁다리 초록빛 고운 수면
소리 없는 침묵 천 년 길게 호흡하는 둥근달 내려 보던 꿈
삼월리 '詩 익는 텃밭' 바지랑대 빨래 말리던 봄날 햇귀 그리워
참꽃 귀걸이 곱게 걸고 손톱 꽃물 봄 마실 재촉한다.

초록 짙은 이마에 중절모자 걸치고 열두 폭 새긴 합죽선
까마득한 절벽 수백 번 누천 번 뛰어내렸을 부엉 바위
아늘거리는 이웃 마을 서동 가락 한 소절에 슬쩍 어깨춤 추는데
노릿노릿 박대 한 점 말갛게 차가운 소곡주 한 주전자
늦은 밤 홀로 방문 여닫는 불콰한 낯빛 잦아드는 코골이마저
사랑 겹다.

한평생 하늘땅 우러르다 하늘땅 부름받아 떠나가신 할부지
해마다 봄 오면 노란 수선화로 핀다, 봄 가면 명자꽃으로 진다.
해마다 여름 지나 가을겨울 오고 가듯 피었다 진다, 영영

그루잠 내려놓고 깡마른 손가락 움직여 채취한 푸나물
드는 발길 나는 손길 다 거두어 한 다발 속내까지 곁다리로
내어주는데
못다 준 사랑, 크게 폈다 쥔 손 덤으로 보태는 마음 있다.

서천 땅 마산시초
너나없이 한데 어울려 어우렁더우렁 풋풋한 시골 인심 겨워
사랑 겨워 그리움마저 겨워 미치도록 징하게 맑은 하늘
파랗게 번지는 논틀길 발맘발맘 걷다가 그 발길 따라 걷다가
이내 털썩 주저앉을 수밖에 없는 마음 있다.

살뜰히도 아름다운 고장, 서천 어디에든 발 담근다.
시나브로 허나 빠르게, 어디든 어느 때든지, 영영

제4부

진한 소묘로 나를 남겨두고

'중수필(에세이 essay)'이란?
대체로 무거운 내용을 담고 있는
논리적이고 객관적인 수필

1. 꽃
2. 태좌 – 월간 [좋은수필] 2024년 6월호 수록
3. 기다림의 미학
4. 性에 대하여
5. 수필, 나를 데생하다

〈시〉 살아보니 8 (어데 살만하더이까)

꽃

 꽃을 본다. '자세히 보아야 예쁘다. 오래 보아야 사랑스럽다.' 라는 나태주(1945~현재) 시인의 시구와 달리, 이른 아침 눈 비비며 마주하는 이슬 머금은 꽃은 한눈에 보아도 아름답다. 조물주가 있다면, 인간보다 꽃을 왜 앞서 만들어 놓았을까 묻고 싶다. 나중이 앞을 지배하는 세상이다.

 인간이 지배하는 세상이 과연 옳은가?

 진정 조물주가 꿈꾸었던 에덴동산은 꽃이 지배하는 세상 아니었느냐고 따져보고 싶다. 꽃은 사람과 달리 다른 꽃을 시기하지 않기 때문이다. 오롯이 자신에게 주어진 땅에 뿌리내려 안분지족安分知足 살 줄 알기 때문이다. 인간만이 전쟁을 통해 영토 확장을 모색하고, 서로의 영역을 부인하려 들기 때문이다. 조물주가 십자가에 매달리면서까지 그토록 강조했던 사랑 혹은 인류애를 실현하기에 꽃과 사람, 둘 중 누가 더 적임자인지 확인하고 싶다.

 화단 한쪽 꽃밭에 알록달록 꽃물이 들었다. 이른 봄 연둣빛 이파리 사이로 살짝 내비치던 노란빛이 4월의 따뜻한 햇볕을 크게 한 입 베어 물고는 새초롬하게 돌아앉아있다. 다홍치마 수줍어하던 어린 싹이 어느 순간 훌쩍 자라 조막만

한 새 생명을 알알이 품에 안고 있다. 스스로 돌면서도 거대한 공전을 잊지 않는 우주의 위대한 집념을 본다. 때를 알아 스스로 자신의 모습을 바꾸면서도 특유의 향기만은 변함없이 잇고 사는 지고지순至高至純 위대한 꽃을 본다.

비크 블랙vik black 제네시스 차량 뒷좌석에 기대어 앉아 있는 노신사의 얼굴에는 응달이 져있다. 딱딱하게 굳어버린 아집我執에 스스로 갇혀 사는 인간의 옷은 모두 다 검은 물감으로 채색되어 있다. 사는 동안 무수히 찾아드는 햇살의 온유함을 애써 거부하고, 스스로 혹한의 남극 한 귀퉁이를 떠

돌 뿐이다. 오롯이 세상은 그늘지고, 춥고, 정붙일 곳 하나 없는 사막 한가운데 어디쯤이라고 스스로 울먹이면서.

마네(Edouard Manet. 1832~1883)의 투명한 꽃병 속 꽃들이 태양을 머리에 이고 있다. 노숙자(1943~현재) 화가의 채색화 속 보랏빛 고운 자운영이 흰나비를 부르는 틈을 노려, 삼색 코스모스 꽃잎 위에 고추잠자리 한 마리가 넙죽 앉았다. 한 무더기 꽃다발에 내려앉은 천경자(1924~2015) 화가의 영혼이 원색의 불꽃으로 활활 타오르고 있다. 어찌 사람이 이보다 더 숭고할 수 있는가?

사람보다 앞선 꽃이, 인간을 대신할 꽃이 청출어람靑出於藍, 인간보다 되려 한 뼘 더 아름답다.

푸른 들판에 낚싯바늘을 단 민들레 홀씨가 날아든다. 불어 있는 따뜻한 바람에 흩날리다 살포시 나의 발 밑에 자리를 잡는다. 낚싯바늘 걸린 이곳이 천국이라고 여긴 걸까? 하얀 빛 곱상한 미래의 숭고함을 내려다본다, 꽃을 본다.

태좌

참외는 햇볕의 저장고다. 그만큼 참외의 성장에 있어 태양은 필수 요소라 하겠다. 6~7월 내리쬐는 태양빛을 온전히 흡수한 참외는 진한 노란빛을 띤다. 여름이 깊어 8월로 내달리는 밭에 강한 빛이 내리쬐기 시작하면 참외는 거듭되는 변신을 한다. 노란색에서 황금색으로 진화하는 칼라color의 변신뿐만 아니라, 매끈한 겉껍질 표면에 몇 개의 골을 만드는 형태의 탈바꿈까지, 참외는 실로 변신의 귀재鬼才라 하겠다.

그것은 본능이다. 동물적 본능에 버금가는 식물적 본능에서 비롯된다. 참외의 이런 신출귀몰한 재능은 타고난 천재성이라고 하기보다는, 나고 자란 밭에서 배운 후천적 학습의 산물이라 하겠다. 계절을 따라 변화하는 햇볕의 양, 점점 더 늘어나는 질량을 감지한 참외가 그에 상응하는 더 깊은 골을 만들어 햇볕의 저장능력을 향상시킨다. 참외는 현자賢者다. 어려운 함수로 풀어야만 알 수 있는 공학적 이론을 몸소 체득한 경험을 바탕으로 이해하고 삶에 적용할 줄 아는 모습은 실천적 행동가行動家의 그것에 가깝다. 게다가 자연으로부터 받은 아가페적인 혜택을 온전히 사람들에게 돌려줄 줄 아는 넓은 마음을 가졌으니, 가히 혜량惠諒 깊은 도인道人이라 하겠다.

한여름 냉장고 야채 칸에 며칠 동안 넣어 둔 참외나, 돌 틈 사이를 흐르는 차가운 계곡물에 한 두어 시간쯤 담가둔 참외는 무척 청량하다. 참외의 과육에 탑재된 냉매로부터 뿜어져 나오는 냉기가 사람 체온의 열기를 떨어뜨려 잠시나마 여름이라는 인고忍苦의 계절을 잊게 한다. 단순히 청량한 맛으로 이야기하자면 빨갛게 잘 익은 수박 또한 빼놓을 수 없지만, 수박은 참외에 비해 너울가지가 떨어진다. 두 손으로 받아 들기도 버거우리 만큼 크고 무거운 수박과 달리, 어린아이도 한 손으로 거뜬히 들고 손쉽게 먹을 수 있는 참외야말로 상대방의 입장을 고려할 줄 아는 온유하고 웅숭깊은 성품을 가진 인자仁者라 하겠다.

사람들은 보통 참외를 차갑게 해서 먹는다. 참외는 분명 냉한 과일에 속한다. 손님 대접에는 차가운 참외가 제격이다. 미적지근한 참외를 손님상에 넙죽 올려놓을 수는 없다. 하지만 나는 따뜻한 참외, 좀 더 정확히는 뜨거운 참외를 더 좋아한다. 땡볕 아래 한나절 고된 밭일을 마치고 나무그늘 밑에 앉아, 조붓한 밭에서 막 딴, 따끈따끈한 여름 태양빛을 머금은 참외를 한 입 크게 깨어 물면 뭉근한 청량감에 더한 강력한 단맛을 느낄 수 있기 때문이다. 한 입 한 입 깨어 물면 한 조각 한 조각 떨어져 나오는 태양의 편린이 꽤나 마뜩하다. 36.5도씨 체온보다 훨씬 더 높은 태양의 온도가 이글거리는 여름 동안에 바지런한 대자연이 창조해 낸 들부드레한 맛이다.

따뜻한 참외는 의외로 달달하다. 시원함은 몸을 차갑게 만드는 장점이 있지만, 과일 본연의 단맛을 느끼지 못하게 하는 치명적인 단점을 지녔다. 하나를 얻으려면 다른 하나를 포기해야만 하는 것이 세상살이의 이치라고 한다면, 나는 주저 없이 시원함을 포기하겠다. 시원함을 포기하면서까지 한사코 놓칠 수 없는 중독성 강한 단맛이라는 장점을 참외는 지녔기 때문이다.

특히, 참외 속 다보록한 태좌는 단맛의 산실産室이다. 상대적으로 딱딱한 과육의 그것과는 비교할 수 없을 만큼 강한 맛을 품고 있다. 설탕을 녹여 발라놓은 듯, 꿀물 한 병쯤 아낌없이 부어놓은 듯한 강렬한 카타르시스를 느낄 수 있다. 게다가 엽산과 비타민C 같은 성분 외에도 가바GABA라고 하는 특별한 영양소, 현대인의 만성적인 스트레스 완화에 효과가 있다는 약성까지 풍부하다고 하니, 여름철 건강식품 또는 보양식으로 불러도 부족함이 없겠다.

하지만, 태좌는 공교롭게도 애물단지 취급을 받기도 한다. 달콤한 단맛의 저장탱크인 반면에, 벼 껍질처럼 딱딱한 노란 씨앗들이 오종종하게 박힌 하얀 속살은 함정 속 지뢰와 같다. 소화를 시키기가 어렵다. 치명적인 단점이라 하겠다. 살금살금 피해 갈 수도, 훌쩍 뛰어넘어 건너갈 수도 없는 발목지뢰로 가득한 최전방 DMZ(비무장지대)를 닮았다.

일일이 골라낼 수도 맘 편히 먹을 수도 없는 작은 씨앗을 하얀 단물이 보듬어 살찌우고 있다. 태좌는 어린 애벌레를 빼곡히 품고 있는 벌집과 같아서 벌집 속 애벌레가 꿀맛 같은 우화羽化를 꿈꾸듯, 참외 속 태좌의 씨앗도 단맛에 익어가는 여름을 꿈꾼다. 애벌레가 자랄 수 없는 벌집 혹은 태좌가 존재하지 않는 참외는 상상조차 할 수 없다.

태좌의 이런 이중적인 모습은 비단 참외에게만 속한 누명은 아니어서, 고추 속 태좌도 마찬가지 형상을 하고 있다. 매운 고추에는 캡사이신 성분이 풍부한데, 그중 약 97%가 고추 속 태좌에서 나온다. 고추태좌는 가히 매운맛의 보고寶庫라고 하겠다.

초여름 덜 익어 아직 파릇파릇한 풋고추는 그 신선한 맛에 초여름 농부의 밥상 위 고추장 된장과 어우러져 고봉밥 한 그릇쯤 뚝딱 비우게 하지만, 늦가을 무르익은 붉은 고추는 목줄을 타고 흘러 활활 타오르는 활화산의 잔열을 품고 있어 먹는 이의 낯빛을 순식간에 벌겋게 물들여 놓기도 한다.

햇볕에 잘 마른 고추태좌가 김장철 밍밍한 배춧잎에 활기를 불어넣는가 하면, 방앗간 한쪽에서 고추씨 기름의 매콤한 어머니 손맛으로 재탄생을 하기도 하니, 고추태좌는 조목조목 꽤나 쓸모 있는 인재人才라 하겠다.

태좌가 있는 식물은 겉과 속이 다르다. 겉만 봐서는 그 속을 알 수 없다. 어쩌면 사람도 그런 것 같다. 겉으로 보기에는 성글고 그래서 도려내야만 할 것 같은 단점 투성이인 누군가에게도, 그만의 특별한 장점이 하나 둘쯤 내면에 숨겨져 있다. 참외태좌의 단맛과 고추태좌의 매운맛이 자신들의 치명적인 단점을 까맣게 잊게 만들어놓듯이, 사람 또한 마찬가지다. 몇 개뿐인 장점이 수많은 단점을 보이지 않게 한다.

　겉과 속이 한결같을 수 있다면 두말할 나위 없이 좋겠지만, 어찌 사람됨이 그럴 수만 있을까? 어쩌면 겉과 속이 다를 수밖에 없는 것이 좀 더 인간적인 모습에 가까운 것이라면, 나는 주저 없이 태좌를 닮고 싶다. 겉과 속이 조금 다르다고 해서 모두가 흠결이 된다고 말할 수만은 없지 않을까?

월간 [좋은수필] 2024년 6월호 수록

기다림의 미학

EPL(잉글랜드 프리미어리그) 경기가 열리고 있다. 번리와 울버햄튼 양 팀 간에 벌어진 2023년 제15라운드 축구 경기. 몰리뉴 스타디움에 모인 수많은 관중들의 시선이 코리안가이 황희찬 선수의 발끝에 모였다.

전반전이 거의 다 끝나가는 42분경, 동료 선수 마태우스 쿠냐의 전진 패스를 받은 황희찬이 순간 골대 앞에서 잠시 멈칫거린다. 그 순간 떠날 듯이 들려오는 관중들의 탄식 소리와 함께 우르르 몰려드는 번리 수비수와 골키퍼. 반 박자 템포를 늦춰 눈앞의 수비수와 골키퍼의 무게 중심을 순간적으로 무너뜨리고 골문을 향해 유유히 공을 차 넣는 울버햄튼의 에이스 황희찬 선수.

경기 종료 후 아마존 프라임 스포츠와 인터뷰에서 잉글랜드 축구의 레전드로 불리는 마이클 오언은 이렇게 말을 했다.

"황희찬 선수가 만약에 조금 더 일찍 슈팅을 했다면, 상대 수비에 막혔을 것이다. 그가 득점할 수 있었던 것은 아주 잠깐의 기다림 덕분이다."

그렇다. '기다림'에 대해서 생각해 본다.

'누군가 혹은 무언가를 기다린다는 것은 무엇일까?' 기다림은 인내忍耐를 필요로 한다. 기다림은 참는다는 말의 또 다른 표현이다. 그렇다면 '참는다는 것은 무엇인가?' 안으로부터 솟구치는 욕망을 억누르는 힘. 그것이 참는다는 것이라면, 나는 사는 동안 수없이 많은 기다림을 맛보았으리라. 점심시간 허기진 배를 움켜잡고 도시락 대신 소독내 풀풀 나는 초등학교 운동장 수돗물로 뱃속을 가득 채울 때에도, 초저녁 다락방 얄팍한 창호지를 뚫고 불어오는 황소바람에 꽁꽁 언 손가락을 호호 불면서 한 장 한 장 책장을 넘길 때에도, 나는 분명 기다렸다.

누군가 혹은 무언가를 기다릴 수 있다는 것은, 희망希望이 있기 때문이다. '희망은 무엇인가?' 보일 듯 말 듯 흐릿한 실루엣을 부여잡고, 닿을 듯 말 듯 한 그 소매 끝에 목숨을 거는 용기. 희망은 그런 용기勇氣의 산물이다. 용기가 없다면 희망도 가질 수 없다. 겁 없이 앞만 보고 달려온 인생이다. 그런 겁 없음이 나에게 희망을 품게 했고, 그런 희망이 있었기에 기다릴 수 있었다. 냉기 가득한 내 유년의 작은방에도, 구곡양장九曲羊腸 뒤틀린 것만 같은 나의 길에도 따뜻한 봄날 닮은 햇살이 한가득 스며들기를……

창문 유리창 한쪽 귀퉁이에 이른 아침 햇실이 한 조가 걸쳐져 있다. 창틀 옆 화단에 심어놓은 작은 꽃봉오리를 한창 비추고 있는 중이다. 책상을 조금 들어 옆으로 한 발 움직이면 오롯이 모든 햇살을 나의 책상 위에 가득 들일 수도 있겠다. 하지만 애써 가까이 다가갈 생각은 추호도 없다. 엉덩이를 살짝 들어 내가 지금 앉아 있는 의자를 반쯤 앞으로 옮겨

놓을 생각도 하지 않는다. 내가 따듯한 햇살을 그리듯, 저 이름 없는 꽃 한 송이도 지난밤 애타게 기다린 햇살일 테다.

나눌 수 있는 '기다림'을 생각한다. 꽃과 나눌 수 있는 햇살은 왠지 더 따듯하다. 꽃이 햇살을 머금는 동안, 나는 가만히 나의 정해진 자리에 앉아서 책을 읽고 있으면 된다. 세상은 내가 일부러 서둘러 한 발짝 가까이 다가가면, 그만큼 혹은 그보다 훨씬 더 멀리 멀어지곤 했다.

황희찬 선수가 골문 앞에서 잠시 머뭇거린 행동이 그의 우유부단함이나 무기력함을 의미하지 않듯이, 내 삶의 짧은 기다림 또한 그런 것이 아님을 안다. 묵묵히 나의 길을 걸어갈 뿐이다. 조금 더딜 수는 있어도 그것이 향하는 길이 분명 내 앞에 놓여 있음을 알기에……

性에 대하여

본론에 들어가기 전에, 우선 나의 이름이 '이만수李萬洙'라는 것을 밝혀둔다. 굳이 생뚱맞고 번잡하게 한자까지 덧붙이는 것은 오로지 '만'이라는 한 글자 때문이라는 사실도 곁들여 이야기한다.

나는 내 이름 가운데 '만'자를, 물론 고의나 악의는 아니지만, '민'으로 잘못 읽거나 말하는 사람을 종종 본다. 갈수록 그 숫자가 대폭 늘어나는 것 같다. 내가 평소에 만나는 지인들의 시력이 0.2 혹은 0.3 정도로 상당히 나빠지고 있다는 증거일 게다.

"어머, 이 시 이민수라는 시인이 썼나 봐, 시 괜찮네."

봉선지 둘레길 트레커가 서천 '詩 익는 텃밭' 내 집 앞을 지나가면서 울타리에 걸린 자작시 한 편을 보면서 쓱! 하는 말이다.

"이번에는 이민수 작가님의 충청지부 활동 내역 보고가 있겠습니다."

문단의 정기 모임에서 사회자가 청중 앞에서 나를 일으켜 세워 소개하면서 하는 말이다.

　매번, 이런 식이다. 이럴 때면 나는 '만' 자의 모음 'ㅏ' 의 코끝을 동화 속 피노키오 코처럼 길게 늘여놓고 싶은 심정이 되고 만다. 하지만, 함부로 있지도 않는 거짓말을 주저리주저리 늘어놓을 수는 없는 노릇 아닌가? 하여 이렇게라도 애써 사족을 달아 강조할 수밖에……

　각설하고, 이제 '성'에 대하여 말해 보고자 한다. 동살이 잡히고 희부윰한 호수를 바라보면서 성에 대해서 생각하는 것도, 식전 블랙커피 한 잔 못지않게 오사바사한 맛이 난다. 여기서 말하는 성은 김 씨, 최 씨, 박 씨 하는 last name을 말한다는 것을 눈치 빠른 사람이라면 아마도 짐작했을 것이다. 나라는 사람은 대놓고 아침 댓바람부터 다른 성性을 말하기엔 지나치게 생뚱맞거나 적어도 되바라지지는 않았다.

　나는 나의 성품이 유순하고, 부드럽고, 모나지 않고 그래서 한가위 보름달은 못 되어도 단옷날 상현달은 될 것 같다고, 늦봄 장미꽃은 못 되어도 초봄 산중에 없는 듯 옅은 빛깔 살찌우는 참꽃은 될 것 같다고 생각한다. 그리고 그건 다분히 나의 성에서 비롯된 것이거니 추론한다. 만약에, 정말 만약이라는 가정을 두고 말해서 내 이름이 이만수가 아닌 '윤만수, 강만수, 염만수 혹은 제갈만수'이었다면(아버지, 미안!), 아마도 내 성품도 확! 달라졌을 것이다.

　'이'는 참 평범한 종種이다. 달랑 자음 하나 모음 하나로 이루어진 단순함과 유선형의 'ㅇ'이 돋보이는 글자다. 그런 simple 함이 내 성품에 그대로 투영되어 있다. '윤, 강, 염 혹은 제갈'처럼 여러 개의 자음과 모음, 심지어 두 글자로 이루어진 그것으로 내가 불렸다면, 그 다양함을 소화하는데 걸맞게 내 성품 또한 더 유연하고 융통성 있는 형상으로 진화했을 것이다.

'수' 또한 매우 숙수그레하다. 초등 국어 또는 바른생활 교과서에 흔하게 등장하는 소녀 '숙'과 단짝으로 등장하는 소년의 반듯한 이름이다. 보통 '빼어날 수秀'나, '목숨 수壽'를 많이 사용하지만, 나처럼 '물가 수洙'를 사용하는 사람도 많다. '물이면 수水지 웬 물가 수?'라는 생각을 어릴 때 자주 하곤 했다. 그때마다 어머니는 대답 대신에 '위험하니 물가에는 가지 마라!'는 당부의 말씀만 거듭하시곤 했다. 지금도 여전히 그 의문은 풀리지 않은 채 남아있다.

문제는 '만'이다. '민'과 혼동된다는 시각적인 단점도 있지만, 지극히 촌스럽고 반지빠른 글자가 아닐 수 없다. 주로 가화만사성家和萬事成, 만수무강萬壽無疆처럼 가정집 표구나 질순 혹은 말순잔치 현수막에 흔하게 등장하는 탓일 게다. 가끔씩 만수한의원, 만수장 같은 가게(식당, 여관)의 이름으로 쓰이는 것까지는 그렇다손 치더라도, 만득이, 만돌이 같은 머슴들 이름의 대명사쯤 될 바에야! 그래서 나는 사극을 잘 보지 않는다. 꼭 그 이유만은 아니지만 한의원도 자주 가는 편은 아니다.

아무튼 이런저런 이유로 영 탐탁지 않은 이름이다. '일만만萬' 한자가 가진 고유의 의미(가득함, 영원무궁함, 풍요, 만족)를 무색하게 만드는 그 쓰임에 절로 고개가 떨어지고 만다. 앞뒤는 그대로 두고 가운데 글자 하나만 바꾸고 싶다는 생각을 했다. '빈' 이나 '강' 혹은 다른 무엇이든 보다 세련되고 기왕지사 바꿀 바에는 작가(시인, 수필가)의 품격에 어울리는 고상한 느낌을 주는 것이면 좋겠다고 생각했다.

'빈' 은 오스트리아 빈 하모니 오케스트라를 연상케 하기도 하고, 장희빈, 원빈의 단어다. 하지만 테러리스트 빈 라덴도 빈 아닌가? 할 수 없이 빈은 버려야겠다. '강' 은 포항제철의 나라인 만큼 강철을 먼저 떠오르게 하는 단어다. 최근에는 노벨문학상을 수상한 한강 작가가 뜨거운 감자인 만큼 친근하기까지도 하지만, 본디 강철이 가진 차가운 이미지가 너무 강해서 포근하게 와닿기에는 2% 부족한 무언가가 내재되어 있는 것 같다.

어쩔 수 없이 만萬을 그대로 수용하기로 결심을 했다. 내가 갑작스레 이 같은 결심을 하게 된 데에 따른 결정적인 공로는 두아 리파Dua Lipa에게 돌린다. 두아는 영국, 알바니아 'Be the one' 의 가수다. 한때 최연소 10억 뷰의 진기록을 세운 'Physical과 New Rules' 의 세계적인 팝가수 겸 모델이다. 그녀가 말했다. '나는 촌스러운 내 이름이 너무 싫었지만, 이제는 그 이름이 사랑스럽고 자랑스럽다' 고……

살면서 이름이, 성이 무에 그리 중요하겠는가? 중요한 건 '나' 라는 자신감이고, 그 마음일 테다. 글을 쓰기 시작하면서 내가 쓴 시와 수필 겉장에 본때 나게 잘 어울리는 이름을 적어두고 싶었다. 하지만 이젠 아니다. 세계적으로 유명한 작가의 반열에 오를 만큼 잘나지는 못하지만, 적어도 내가 사랑하는 문학만큼 나 자신을 사랑하는 대한민국 건강한 국민의 한 사람임을 자부한다. 하여 촌스러운 내 이름일망정 나는 열렬히 사랑하지 않을 도리가 없다.

수필, 나를 데생하다

　단지 예비적 밑그림이 아니다. 독립된 완성체로 존재한다. 수필은 화려하게 채색하지 않은 내면의 스케치이다. 담담한 일상을 단색의 가늘고 섬세한 선으로 나타낼 뿐이다. 더러 가끔씩 강하게 표현하고픈 충동을 느낄 때도 있지만, 그저 손끝에 힘을 살짝 보태 진한 소묘素描로 가름할 뿐이다. 수필로 나를 데생한다. 수필은 곧 '나'다.

　수필隨筆을 한자 뜻대로 해석하면 '붓 가는 대로 쓰는 글'이 된다. 붓은 곧 나의 마음일 테다. 오롯이 내 마음의 지시만을 따라 쓰면 된다. 그만큼 질서정연하다는 뜻이다. 수필에는 보이지 않는 내재율 같은 규칙이 있기 때문이다. 내 안을 지배하는 기승전결 혹은 서론 본론 결론. 그 엄연한 구성이 짜임새 있는 리듬을 만들고 있다.

　나는 그저 마음속 내재된 리듬에 맞춰 살짝 어깨춤을 출 뿐이다. 크게 덩실거리지는 않는다. 약간은 모자란 듯 넘치지 않는 표현이 내 수필의 특징이다.

　수필이 물 흐르듯 내 안을 온통 헤집어 놓고 있다. 물이 못 미치는 곳은 세상 어디에도 없다. 부드러운 물이 들어차지 않는 곳은 내 안에는 없다. 꼭꼭 숨기고 싶은 일도, 감추고

싶은 이름도 하나 둘 있으련만 속속들이 끄집어내어야 직성
이 풀리는 고집 센 노인네다. 그러나 나는 그 노인의 투명함
이 좋다.

 구별 없이 끌어안아 보듬는 나무가 숲을 이룬다. 곧게 뻗
어 잘 자란 나무와 얼기설기 뒤엉켜 못 자란 나무, 향기 좋
은 나무와 오직 몸집만 불린 나무 등 온갖 것들로 숲이 가득
하듯, 나 또한 그러함을 수필은 일깨운다.

 나는 간결한 것을 좋아한다. 풍이불여일언豊而不餘一言 하고
약이부실일사約而不失一辭*라고 했다. 원고지 천여 장의 장편
소설 같은 말들을 집어삼켜 원고지 20장 내외의 짧은 글로
표현한다. 그렇다고 할 말을 생략하거나 아예 하지 않을 만
큼 너그럽지는 않다. 끝끝내 할 말은 하고야 만다.

 더러는 냉소적일 때도 있다. 차갑게 비평을 하거나 철학
따위를 논할 때면 짐짓 심각해지기도 한다. 하지만 본디 타
고난 성품이 그러하지 못해 이내 나부터 실실 웃고 만다. 그
것이 내 본심이다. 가끔은 위트와 변주變奏로 간지럽히기도
하지만, 내 주장을 흐트러트릴 정도는 아니다.

 나는 솔직한 것을 좋아한다. 시처럼 에둘러 말하는 것은
질색이다. 애매모호한 언어로 상대방의 고개를 갸우뚱하게
할 만큼 새침데기는 아니다. 그렇다고 헤픈 사람도 절대 아

---

* '풍이불여일언 豊而不餘一言 약이부실일사 約而不失一辭' :
 한유(당나라 문장가, 768~824)가 한 말.
 "풍부한데 군더더기 하나 없고, 축약했는데 놓친 말 하나 없다."는
 뜻으로 글을 간결하게 쓰되 함축된 의미가 있어야 한다는 의미임.

니다. 솔직한 것과 헤픈 것의 그 중간 어디쯤이 내 수필의 지향점이라고 말해두자. 솔직하되 헤프지 않고, 헤픈 듯 헤프지 않은 생각을 언어로써 나타내는 것은 참 어렵고도 고단한 일이다. 그래서 보람 있는 사명일지도 모르겠다.

  수필은 형식에 구애받지 않는다. 그만큼 성숙하다. 모든 거추장스러움을 거부한다. 자연스러움을 추구하되 남의 프라이버시까지는 침범하지 않는다. 책임감 없는 자유, 방종과도 결을 달리한다. 모든 글에는 책임이 따른다는 것을 안다. 수필도 예외일 수는 없다. 한번 내뱉은 말을 주워 담을 수는 없기 때문이다. 한 마디 한 마디가 촌철살인, 바늘이 되어 누군가를 아프게 할 수도 있음을 경계한다.

  내 안에 존재하는 모든 생각과 체험의 변화를 포착할 때마다 나 스스로 깊은 감동을 받는다. 깊은 성찰에 내가 먼저 짐짓 놀라기도 하지만, 일부러 드러내지 않을 만큼 나의 수필은 이미 조신하다. 나에 대해서는 전혀 배려치 않되 상대방은 넘치도록 극진하게 보살핀다. '외유내강外柔內剛' 그것이 내 수필의 신조다.

  충동적이거나 노골적인 말은 가급적 하지 않으려고 한다. 잘난 척, 예쁜 척, 아는 척하지 말라는 가르침을 가훈 삼아 자랐다. 나는 튀지 않는 평범한 것이 좋다. 예전에는 연필심을 다듬는 마음으로 수필을 썼다. 요즘은 노트북 자판에 간간이 떨어지는 하얀 머리카락을 쓸어내는 마음으로 나를 그린다. 내 삶이 그러하듯 나의 수필 또한 깔끔하고 상큼했으면 좋겠다.

나는 시적이고 소설적이면서도 철학적인 사람이고 싶다. 직유보다는 은유를 더 좋아하기 때문이다. 외재율보다는 내재율에 마음이 더 움직이기 때문이다. 무탈하게 지나온 장고한 내 삶에 깊게 파인 상처들을 아끼고 사랑하기 때문이다. 아침 차 한 잔의 여유를 소중히 여기기 때문이다. 문학성과 철학성, 이들 중 어느 것 하나 버릴 수 없기에 나는 수필을 쓴다.

수필을 데생한다. 수필은 자기 고백적인 글이다. 독백하듯 나를 그릴 뿐인데, 모두들 알아듣고 지긋이 고개를 끄덕이니 신기할 따름이다. 그 깊은 공감이 행복이라는 엔도르핀을 결미에 샘솟게 한다. 나는 여백 있는 그림이 좋다. 무언가를 남겨둔다는 것은 그 누군가를 지극히 위한다는 뜻일 테다. 나는 있는 그대로 나의 모습을 아끼고 사랑한다. 무심한 듯 덤덤하게 그리는 무채색의 나의 수필 또한 그러하기를 바랄 뿐이다.

오늘 문득, 손끝에 힘을 보태 진한 소묘로 나를 남겨두고 싶은 충동을 느끼는 것은 왜일까?

살아 보니 8 – 어데 살만하더이까

살아 보니, 어데 살만하더이까?
갈 길 몰라
이 골목 저 골목 해찰한 적 있었지요?
동서남북 구별 못해
지구 밖 태양 흑점, 보일 리 없는 미래 바라본 적 있었지요?

꽃 피면 피는 대로, 낙엽 지면 지는 대로
비 오면 비 오는 대로, 눈 쌓이면 눈 쌓이는 대로
그대로 있지 못해 들락날락 함부로 쏘다닌 적 있었겠지요?

햇살 곱게 갈리는 날이면 따습다고
하늘 높은 날이면 시원하다고 가슴 뚫리게 말하면 될 것을
못내 하지 못해 가슴속 꼬깃꼬깃 남겨둔 시어詩語
이제와 속절없이 꺼내놓으려 하시나요.
사철 골라 피는 꽃도, 때맞춰 간간이 날아드는 철새도
제 갈 길 새겨듣고 그대로 따라가는데
살면서 얻어들은 지혜 하나 없어, 외롭다
원망하려 하시나요.

살아보니 어데 살만하더이까 묻지도 말라 하심은
아무튼 어떻게든 살아갈 만해
겸손히도 몸 둘 바 몰라라 하는 마음이겠지요.

아무렴 어떻게 해도 살아갈 만 못해 끝내 떠나가는 속마음
그 사연 알기나 하라 하심이겠지요.

조금 더 살아보면
한사코 떠나고파 돌아선 마음, 그 속 나도 알게 된다는 말
차마 입 밖으로 내뱉지 못한 채
조용히 불어 잇는 바람, 그 바람 따라 걸어가는 당신
살아보니
살아보니
모두 다 그렇더라는 뜻이겠지요.

그 말씀이겠지요.

제5부

달을 가리키는 손가락 하나

특강(1) : 수필 이론 (작가를 위한 수필 작법)
제1강. '수필' 이란?
제2강. '잘 쓴 수필' 과 '좋은 수필'
제3강. '좋은 수필' 의 요건 10가지 – "정답노트"
제4강. 수필 쓰기 4 단계 절차
제5강. 수필의 구성
제6강. 수필의 분류
제7강. 수필 쓸 때 하지 말아야 할 것 10가지 – "오답노트"
제8강. 수필의 주제, 첫 문장, 제목, 소재
제9강. 자전적 수필(기록 수필)
제10강. 기행 수필
제11강. 묘사의 기술 10가지
제12강. 최근 신춘문예 수필의 특징
제13강. 좋은 말 (순수 한글) 뜻풀이
특강(2) : 수필 이론(독자를 위한 수필 감상)
특강(3) : 한국 수필가와 주요 작품 소개
특강(4) : 'K–수필(한국 수필)' 의 특징

〈시〉 가을엔
〈낭송시〉 어느 시골 교회와 한 소녀 이야기

특강(1) : 수필 이론 (작가를 위한 수필 작법)

제1강. '수필隨筆' 이란?

　(1) 정의: 일정한 형식을 따르지 않고 인생, 자연 또는 일상생활에서 나 자신의 느낌이나 체험을 생각나는 대로(붓 가는 대로) 쓴 산문 형식의 글.

　〈개념〉
　＊수필은 **사실** 문학이다. - 진솔한 삶을 담아라.
　＊수필은 **사유** 문학이다. - 성숙된 사유를 바탕으로 하라.
　＊수필은 **사색** 문학이다. - 삶(경험)을 의미화 해라.

　〈참조〉 운문 對 산문
　　- 운문 : 시, 시조, 동시, 디카시 等
　　- 산문 : 수필, 에세이, 수기, 일기, 감상문, 기행문, 소설,
　　　　　　희곡, 포토에세이 等

　〈특징〉 '붓 가는 대로' 의 함정
　수필에도 구성이 있다. 하지만 그 치밀한 짜임새가 너무 자연스러워 독자가 느낄 수 없기 때문에 '붓 가는 대로 쓴' 것처럼 보일 뿐이지, 절대로 구성이 없는 글(붓 가는 대로 쓴 글)이 아니다.

　(2) 종류 : 중수필, 경수필 – 내용(소재, 주제)에 따라

　　가. 중수필: 사회적 수필 - 에세이essay

- 개념: 주로 무거운 내용을 담고 있는 논리적이고 객관적인 수필
- 특징: 사회적, 비개성적, 비평적, 논리적, 과학적 / 평론적, 철학적

나. 경수필: 개인적 수필
- 개념: 생활 주변에서 일어나는 사소한 일을 소재로 가볍게 쓴 수필
- 특징: 감성적, 주관적, 개인적, 정서적 / 문학적

(3) **경수필의 분류:** 기록 수필(자전적 수필), 기행 수필, 수상 수필

가. 기록 수필: 개인적 소소한 일상의 경험을 기록하듯 쓴 수필
= 자전적 수필
   cf. 수기手記: 자신이 직접 겪은 생활이나 체험을
      솔직하게 쓴 글.
나. 수상 수필: 개인적 경험과 사물에서 얻은 삶의 철학적 의미를 진솔하게 쓴 수필
다. 기행 수필: 여행을 통해서 얻은 어떤 감정이나 교훈을 문학적으로 표현한 수필

(4) **수필이 갖추어야 할 2가지 필수 요소 : 철학성, 문학성**

가. 철학성: 생각, 성찰, 깨달음 ― 비중 약10~20%
나. 문학성: 시적이고 소설적인 표현 ― 비중 약80~90%

제2강. '잘 쓴 수필'과 '좋은 수필'

* '잘 쓴 수필' 이라고 해서 반드시 '좋은 수필' 이 되는 것은 아니다.

(1) '잘 쓴 수필' 이란? 잘생긴 사람과 같다.
  → [형식미]를 잘 갖춘 수필이다.
  즉, 장인적인 기교(문장력, 신선한 비유, 좋은 구성)가 돋보이는 수필이다.

(2) '좋은 수필' 이란? 정감 있고 인품 좋은 사람과 같다.
  → [내용미](품격: 내용의 질)를 잘 갖춘 수필이다.
  즉, 감동을 주고, 여운을 남기는 수필이다.

(3) '좋은 수필' 의 사례

가. 시적 수필詩的隨筆: 생활과 자연에 대하여 논하면서 주정적이거나 주관적인 표현을 통하여 문학적 감각을 가중시킨 수필.
즉, 은유와 운율이 살아있는 수필

예 : 유안진 [지란지교를 꿈꾸며], 이효석 [낙엽을 태우면서]
유용주 [아름다운 것은 독한 법이여], 공지영 [빗방울처럼 나는 혼자였다]
신달자 [나를 아프게 하는 봄], 민태원 [청춘예찬]
김만년 [노을을 읽다], 안희옥 [그 골목의 필경사들]
이만수 [시장, 꽃. 사춘기], [초가을 단상], [태좌], [낙엽 위에 서다],
[봄 뻐꾸기와 쑥버무리], [가을 읽기], [꽃]

저녁을 먹고 나면 허물없이 찾아가 차 한 잔을 마시고 싶다고 말할 수 있는 친구가 있었으면 좋겠다. 입은 옷을 갈아입지 않고 김치 냄새가 좀 나더라도 흉보지 않을 친구가 우리 집 가까이에 있었으면 좋겠다.
  – 유안진 [지란지교를 꿈꾸며]

낙엽 타는 냄새같이 좋은 것이 있을까. 갓 볶아낸 커피의 냄새가 난다. 잘 익은 개암 냄새가 난다. (중략) 어두컴컴한 부엌에 웅크리고 앉아서 새빨갛게 피어오르는 불꽃을 어린아이의 감동을 가지고 바라본다.

－이효석 [낙엽을 태우면서]

봄이다. 아스팔트를 밟아도 그 아래 생명이 아파할 것 같아 조심스런 발길을 그러나 지치도록 걸으며 밤에는 편지라도 쓰고 싶다.

－신달자 [나를 아프게 하는 봄]

저녁노을은 해를 배웅하는 이별의 손짓이다. 해가 저물면 지상의 모든 사물들은 어둠 속으로 돌아간다. (중략) 그래서 저녁노을은 서천으로 흐른다. 하루해를 끌고 오느라 발뒤꿈치가 온통 피멍으로 붉다.

－김만년 [노을을 읽다]

봄 꽃잎이 지고 없는 교정은 뜨거운 열대우림을 향하여 달음박질을 하고 있는 것 같아 조금은 숨이 막힌다. (중략) 잡풀 우거진 묵정밭에서 꽃나무 한 그루가 온전히 살아남기 위해서는, 잔가지 끝에 날카로운 가시 하나쯤 달고 있어야 하는 것이었을까? 쓸어내린 어린 나의 가슴 어딘가에서 질긴 환삼덩굴 한 줄기가 옹골차게 잡히곤 했다.

－이만수 [시장. 꽃. 사춘기]

불에 달군 맷돌 같은 태양이 가뭇없이 빛을 잃을 때쯤, 부지런한 농부가 흘린 땀방울이 논틀길을 타고 넘어 호숫가 깊은 곳에 가닿을 때쯤, 가을은 그제야 지울지울 자욱했던 안개를 걷어 내고 앙증맞은 벼 이삭 위에 누런 쌀알 꽃 몇 알을 내비친다.

－이만수 [초가을 단상]

'ㅏ'와 'ㄹ'의 절묘한 화음 때문일까? 가을, 찬 양지바르고 리듬감 넘치는 계절이다. (중략) 자발없이 연달아 발밑에 몸을 낮추는 나만의 낙엽이 허허롭다는 생각조차 억지로라도 버리려 한다.　　　－이만수 [낙엽 위에 서다]

꽃을 본다. '자세히 보아야 예쁘다. 오래 보아야 사랑스럽다.' 라는 나태주 (1945~현재) 시인의 시구와 달리, 이른 아침 눈 비비며 마주하는 이슬 머금은 꽃은 한눈에 보아도 아름답다.
― 이만수 [꽃]

나. 위트 있는 수필: "위트 → 변주"

   * 위트: 독자를 즐겁게 하기 위해 고안된 문학의 요소(역설, 비유, 문체)
   * 변주變奏: 어떤 주제를 바탕으로, 소재, 형태, 방식을 변형하여 표현하는 것
  예: 최원현 [햇빛 마시기]
     이만수 [태좌], [언어 캐기], [性에 대하여]

"마셔보세요!" 다시 독촉을 해왔다.
"오전에 제가 한 번 마셨으니 가득 차 있지 않을 지도 몰라요."
 컵을 입으로 가져가 '훅' 하고 들이마셔 봤다. 향긋한 냄새가 나는 것 같기도 하고 그렇지 않은 것도 같았다.
"햇빛이에요." 그녀의 설명이었다.
― 최원현 [햇빛 마시기]

태좌가 있는 식물은 겉과 속이 다르다. 겉만 봐서는 그 속을 알 수 없다. 어쩌면 사람도 그런 것 같다. 겉으로 보기에는 성글고 그래서 도려내야만 할 것 같은 단점 투성이인 누군가에게도, 그만의 특별한 장점이 하나 둘쯤 내면에 숨겨져 있다.
(중략) 어쩌면 겉과 속이 다를 수밖에 없는 것이 좀 더 인간적인 모습에 가까운 것이라면, 나는 주저 없이 태좌를 닮고 싶다.
― 이만수 [태좌]

오늘도 나는 캐고 있다. '캔다.' 라고 하기보다는 그냥 '얻는다. 혹은 주워 담는다.'

라고 하는 말이 좀 더 솔직하고 적확한 표현인 것 같다. (중략) 김주옥 작가의 장편소설 [천 개의 바람이 되어]에서 '해지, 너테, 표조, 또바기' 같은 비교적 짧은 말들과 '주억거리다, 아리잠직하다, 핍진하다' 같은 긴 말들을 캐내어 바구니에 담는다.

− 이만수 [언어 캐기]

나라는 사람은 대놓고 아침 댓바람부터 다른 성性을 말하기엔 지나치게 생뚱맞거나 적어도 되바라지지는 않았다. (중략) 문제는 '만' 이다. '민' 과 혼동된다는 시각적인 단점도 있지만, 지극히 촌스럽고 반지빠른 글자가 아닐 수 없다.

− 이만수 [性에 대하여]

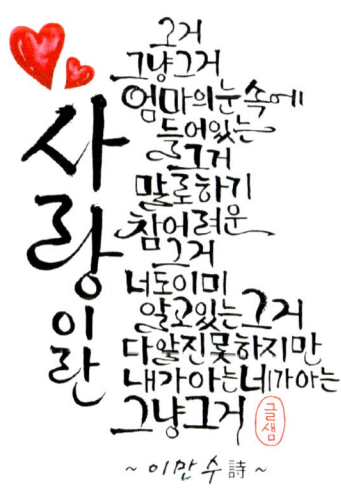

제3강. '좋은 수필'의 요건 10가지 – "정답노트"

(1) **간결**하지만 **섬세**하고, **독창적**으로 **표현되어야 한다.**
* [풍이불여일언豊而不餘一言 약이부실일사約而不失一事] – 한유(당나라)
 "풍부한데 군더더기 하나 없고, 축약했는데 놓친 말 하나 없다."
* 한 문장 안에서 단어의 수는 30~40개 내외로 하되, 읽을 때 독자의 호흡을 고려해서 조절한다.

(2) **구성(틀)**을 잘 갖추고 있어야 한다.
* 기 : 승 : 전 : 결 = 10% : 40% : 30% : 20%
* 문장과 문장의 연결(문맥의 흐름)이 자연스러워야 한다.
* 각 문장의 길이는 엇비슷해야 좋다.

(3) **긴장감(절정)** 부분이 중간에 있어야 한다.
 * 각 문장마다 내용에 따라 호흡과 맥박이 다른데, 절정 부분에서 가장 **빠르게** 전개되도록 써야 한다.

(4) **주제에 일관성**이 있어야 한다.
 * 작가의 생각과 느낌이 독자에게 확실하고 선명하게 전달되어야 한다.

(5) **수미상관**이 이루어져 있어야 한다.
* 기(서론) 〈=〉 결(결론)
* 기 : 일반적인(누구나 알 수 있는) 내용으로 결론에 대한 힌트를 준다.
 결 : 나만의 생각(개인적인 내용)으로 마무리 한다.

(6) 이야기 전개가 **솔직**하고 담백해야 한다.
(7) '나'에 대한 이야기를 하되, **객관성(공감)**을 가지고 있어야

한다.
(8) 감동(철학, 사색의 깊이, 삶의 깨달음)이 있어야 한다.
(9) 복수의 story(글감 또는 소재 : 2~4가지)로 되어있어야 한다.
(10) 다 읽고 난 뒤에 여운(직접적인 교훈 표현 X)이 남아야 한다.
　　＊ 지나친 감정 표현을 억제(절제) 해야 한다.
　　＊ 맨 마지막 문장에 '도치법' 을 사용하는 방법

──────────────────────

TIP. 수필에서 상상력은?
　소설은 허구를 바탕으로 사실을 일부 추가해서 쓰기도 하지만, 수필은 사실(경험)을 바탕으로 하되 필요할 경우 일부 상상을 추가해서 쓸 수도 있다.

〈첨언〉 수필의 '진솔성'
　'진솔성' 이란?
　시, 소설, 희곡의 가장된(허구적) 진실성은 '그럴듯함' 이라면, 수필의 실체적 진실성은 '그러함' 이다.

제4강. 수필 쓰기 4단계 절차

1단계 : 사건, 경험　　3단계 : 의견, 주장
2단계 : 느낌, 생각　　4단계 : 요청, 강요

(1~2)단계의 수필 : 예술적 또는 문학적 수필임.
— 선경후정先景後情 ←"수필가"
(1~2)+(3~4)단계의 수필 : 효용적 수필임. — 중수필 혹은 에세이 ← "에세이스트"

가. 1단계만으로 된 수필도 있기는 하지만, 일반적이지는 않다.
　　〈예〉피천득 [은전 한 닢] / 윤오영 [달밤] /
　　이만수 [동침], [죽방멸치의 유혹]
　　나. (1~2)단계로 이루어진 수필이 가장 표준적이다.
* 한 작품에서 각 단계가 차지하는 글의 비중(분량) 분석 data
　가) 1단계 : 2 단계 = 약80% : 약20%　←"일반적"
　　〈예〉피천득 [인연], [수필]
　　　　이만수 [라면 먹을 때면], [낡은 리어카], [네, 이병 이만수],
　　　　[연천], [푸른마을 2단지], [아버지의 짐자전거]
　나) 1단계 : 2 단계 = 약20% : 약80%
　　〈예〉이효석 [낙엽을 태우면서]
　　　　이만수 [초가을의 단상], [꽃무릇 앓이], [꽃], [태좌]
　다) 1단계 : 2단계 = 약50% : 약50%
　　〈예〉피천득 [오월] / 이만수 [이소], [기다림의 미학]

〈첨언〉수필의 분량 : 보통 원고지 15~20매
(A4 용지 2~3장) 내외
　　* 1개의 문장은 30~40개 내외의 글자로 쓴다.
　　　- 특히, 첫 문장은 짧을수록 좋다.
　　* 1개의 문단은 5~6개의 문장으로 구성한다.

- 1번째 문장 : 하고자 하는 말 서술 ← 두괄식
  - 2번째~마지막 문장 : 1번째 문장에 대한 구체적인
    내용 기술
  * 1편의 글은 9~13개의 문단으로 구성한다.
    - 서론 : 1~2개 문단 ← 10%
    - 본론 : 6~8개 문단 ← 70%
    - 결론 : 2~3개 문단 ← 20%
cf. 단수필, 장수필, 손바닥 수필, 5매 수필, 아포리즘 수필, 미니 수필
cf. 엽편소설 (20매 내외), 단편소설 (80매 내외), 중편소설(250매 내외)
  장편소설 (1,000매 내외), 대하소설 (3,000매 내외)

TIP. 수필에서 단락(문단)은?
1. 문단이란 '소주제'가 들어가 있는 덩어리로, 보통 5~6개의 문장으로 되어있다.
2. 문단을 나누는 이유
  (1) 독자가 읽기 편하게 하기 위해서(시각적 편의성을 위해서)
  (2) '중심 생각'을 바꾸고자 할 때
  (3) 이야기의 대상, 내용, 시기, 장소, 논점을 바꾸고자 할 때
3. 문단을 나누되, '자연스럽게' 그리고 동시에 '새롭게' 해야 한다.
4. 하나의 문단(단락)에는 하나의 이야기만 들어가야 한다.
  - 1번째 문장 : 하고자 하는 말 서술 ← 두괄식
  - 2번째 ~ 마지막 문장 : 1번째 문장에 대한 구체적인 내용 기술
5. 문단과 문단은 전체적인 하나의 주제에 맞게 통일성(연관성)을 갖추고 있어야 한다.

제5강. 수필의 구성

(1) 수필의 구성

   1) 3단 구성 : 서론10%(1~2문단) / 본론70%(6~8문단) /
         결론20%(2~3문단)
   2) 4단 구성 : 기10%(1~2문단)/승40%(4~5문단)+전30%(2~3문단)/
         결20%(2~3문단)

(2) 자연적 구성 : 시간, 공간에 따라 제재를 배열하는 방법

   1) 시간적 구성 : 과거→현재→미래 or 미래→현재→과거
     봄→여름→가을→겨울 or 겨울→가을→여름→봄
     아침→점심→저녁 or 저녁→점심→아침
     유년→청년→장년→노년 or 노년→장년→청년→유년

   2) 공간적 구성 : 안→밖 or 밖→안 , 전면→후면 or 후면→전면

   * 시간적 순서, 공간적 순서가 일관성이 있어야 한다.
    (왔다갔다 시공간 혼재 X)

(3) 논리적 구성 : 작가의 의도에 따라 제재를 배열하는 방법
             (인과식, 열거식, 포괄식, 점층식, 단계식)

(4) 액자 구성 : "이야기 속의 이야기"

   1) 개념: 액자가 그림을 두르듯 외화(외부이야기)가 내화(내부이야기)를 포함하는 기법.
  즉, 바깥이야기를 테두리로 사용하여 각각의 단편들을 연결하거나 그들의 상황을 이야기하는 기법

〈예〉 김동인 [무녀도]
이만수 [감자 혹은 감재, 우화를 꿈꾸다], [봄 뻐꾸기와 쑥버무리]

2) 효과: 여러 인물의 다양한 시각을 통해 이야기를 다각적으로 이해시킬 수 있다. (이야기를 다층적으로 전개하여 주제를 풍부하게 전달할 수 있음.)

3) 전개 방식: 외화에서 내화(예: 회상)로 흘러가다가 내화가 끝나면 다시 외화로 흘러가는 방식이 대부분이다. ← 글의 중심: 내화

4) 사용 시점: 외화(1인칭 시점) /
내화(3인칭 시점: 전지적 작가시점)

〈첨언〉 1인칭 시점의 한계
타자의 심리나 생각, 화자(나)의 시선이 미치지 못하는 상황을 서술하고자 할 때에는 1인칭 시점으로는 불가능하기 때문에, 간접 인용 화법(또는 직접 인용 화법)을 사용한다.

(5) 참조: 기타 구성 기법

1) 삽화 구성: 중심사건을 보충하기 위해 보조 사건들을 삽화처럼 넣는 기법.
   - 외화가 중심 내용임.
   내화(삽화) 없이 외화만으로도 글의 진행 가능함.
2) 역전적 구성: 시간만 거슬러 올라가 과거회상으로 가는 기법.
3) 옴니버스 구성: 독립된 짧은 이야기 여러 편을 한 가지의 공통된 주제나 소재를 중심으로 해서 엮어내는 기법.
4) 연쇄적 구성: 앞뒤에 놓이는 부분들을 선후관계의 연속성과 개연성에 맞춰 사슬처럼 연결하는 기법.
   - 앞뒤 순서를 바꾸면 안 됨.

- 앞뒤 글의 어느 부분을 축소 또는 확대하는 것은 괜찮음.
5) 유기적 구성: 생물체의 조직처럼 부분들을 긴밀하게 연관 짓는 기법.
  - 앞뒤 순서를 바꾸면 안 됨.
  - 앞뒤 글의 어느 부분을 축소 또는 확대해도 안 됨.

(6) 이중구조 활용법

  1) 1인칭 화법: 주제, 동기, 목적 암시할 때 사용
  2) 3인칭 화법: 증언, 목격담 서술할 때 사용

TIP. 수필의 시제

시제는 단순히 특정 시간(현재, 과거)을 나타내는 것이 아니고, 문학적(문법적 X) 표현 기술이다.

〈예〉 이희승 [청추수제]
  - **현재형**: 달빛 풍경이나 달의 모습 묘사 ← 생생하게 보여주기 위하여~
  - **과거형**: 화자나 사람들의 반응 묘사 ← 객관화하기 위하여~

영암이다. / 천상계天上界가 따로 없다. 안산서 350km 편도 4시간 30분 떨어진 / 이제 저 다리 하나만 건너면 하늘 끝에 닿을 수도 있을 성싶다.
― 이만수 [죽방멸치의 유혹]

〈첨언〉 수필의 핵심 : 공감, 감동
 가. 공감 : 진실성 (허위 사실 기술 X)
           보편성 (나만의 생각, 주관적 사고 X)
           절제성 (지나친 감정 표출 X)
 나. 감동 : 철학적 깊이

제6강. 수필의 분류 – 서술 방식에 따라

(1) **시적 수필** : 시경과 풍경이 있고, 은유와 상징을 통한 압축이 있으며, 여백 위주의, 리듬감이 살아있는 수필

〈예〉 유안진 [지란지교를 꿈꾸며], 이효석 [낙엽을 태우면서]
민태원 [청춘예찬], 권현옥 [너머], 강현자 [수제비로 끓어나는 화和]
유용주 [아름다운 것은 독한 법이여],
공지영 [빗방울처럼 나는 혼자였다]
신달자 [나를 아프게 하는 봄], 김만년 [노을을 읽다],
안희옥 [그 골목의 필경사들]
이만수 [시장, 꽃, 사춘기], [초가을 단상], [태좌], [낙엽 위에 서다],
[봄 뻐꾸기와 쑥버무리], [가을 읽기], [꽃]

(2) **소설적 수필** : 탄탄한 story(이야기)를 바탕(소재)으로, 콩트처럼 반전이 있게 쓴 수필

〈예〉 공지영 [빗방울처럼 나는 혼자였다],
김나비 [기억을 토렴하다]
이만수 [라면 먹을 때면], [연천], [시골 형님],
[네, 이병 이만수], [낡은 리어카]

(3) **철학적 수필** : 문학성보다 사색, 관조, 탐구에 중점을 둔 수필
〈예〉 법정스님 [무소유], 강현자 [수제비로 끓어나는 화和],
임영도 [주상절리]
김정태 [바람소리], 권현옥 [너머]
이만수 [태좌], [꽃], [봄 뻐꾸기와 쑥버무리]
[낙엽 위에 서다], [가을 읽기]

"[철학이 가미된, 소설적이면서, 시적인 수필]이 가장 이상적인 수필이다."

〈예〉 양주동 [질화로], 류달영 [슬픔에 관하여],
　　　권현옥 [부엌], 심선경 [포장마차를 타다]
　　　이만수 [태좌], [시장, 꽃. 사춘기], [이소離巢]
　　　[낙엽 위에 서다], [오래된 현재의 사랑을 위하여]

(4) 기타: - 희곡적 수필 (대화체를 많이 사용한 수필)
　　　　 - 논설적 수필 (평론, 칼럼처럼 주장, 비판, 정보 위주의 수필)

제7강. 수필 쓸 때 하지 말아야 할 것 10가지
— "오답노트"

(1) 한 문장 안에서 **중복된 단어**를 사용하지 않는다.
(2) **상투적인 표현**(예: 죽은 은유)을 사용하지 않는다.
(3) '**~척**'(예쁜 척, 잘난 척, 아는 척)을 하지 않는다.
(4) 하나의 글에서 **너무 많은 것**(주제)을 전달하려 하지 않는다.
(5) 처음부터 끝까지 **하나의 주제**에서 벗어나지 않는다.
(6) 주제를 **직접적인 단어**(예: 교훈, 윤리)로 표현하지 않는다.
(7) 타인의 사적인 영역(**프라이버시**)을 과도하게 침범하지 않는다.
(8) 과거의 이야기를 단순 나열하지 않는다.
(9) **넋두리하는** 식으로 이야기하지 않는다.
(10) 감정을 **직접적인 단어**로 표현하지 않는다.
　　(예: 즐겁다. 기쁘다. 외롭다. 두렵다. 쓸쓸하다 등)

TIP : 글쓰기의 기본 원칙

1. **독자**를 누구로 할지 미리 염두에 두고 써라.
2. **두괄식**으로 써라. — 결론 먼저, 내용 나중에
3. **쉬운 한글**로 써라. — 한자어, 외래어 사용 지양
4. **짧게 써라.**
　4-(1) : 긴 문장을 잘게 **쪼개라.**
　＊한 문장 안에서 단어의 수는 가급적 30~40개를 넘지 않도록 한다.
　＊단, 필요시(예: 긴장감 고조, 글의 단조로움 피하기 위해서)
　　긴 문장을 섞어 쓴다.
　4-(2) : '**~의**'를 활용해서 긴 문장을 짧게 압축하라.
　4-(3) : **호흡**을 짧게 가져라. (읽기 편한 정도의 호흡으로~)
　4-(4) : 조사, 부사, 접속사 사용을 최소화해라.

5. 수동태로 쓰지 말고 **능동태**로 써라.
6. 글의 생동감을 주기 위하여 명사보다는 **동사**를 가급적 사용해라.
7. **주어**와 **서술어**의 관계가 깔끔하게(문법에 맞게) 써라.
8. 부정확한 지시어(예: 이, 그, 저)는 가급적 사용하지 마라.
9. 구체적으로(추상적으로 X) 써라.
10. 나의 감정을 지나치게 표출하지 않고, 절제된 감정으로 써라.
11. 입말(구어체)을 사용하라.

제8강. 수필의 주제, 첫 문장, 제목, 소재

1. 수필의 '주제'
(1) 주제는 선명(명확)해야 한다.
(2) 먼저 주제를 선정하고, 글을 써 나간다.
(3) 주제에는 삶의 깊이(작가의 통찰)가 있어야 한다.

TIP. 주제 도출 흐름

현상, 경험 → <u>질문하기</u> → 글감(소재)찾기 → 해답(주제)도출

* "저건 왜 저럴까?" – 현상, 대상 자체의 의미는?
* "인간에게 어떤 의미일까?" – 사회에 어떤 의미를 주는가?
* "나에게 어떤 의미일까?" – 나의 인생, 행복과 어떻게 연결되는가?

2. 수필의 '첫 문장(서두)'
(1) 첫 문장이 글 전체를 좌우한다. (첫인상이 중요)
(2) 첫 문장은 쉬운 말로, 짧고, 매우 함축적으로 써야 한다.
(3) 독자에게 호기심을 유발하는 내용으로 시작한다.
(4) 불쑥 가정적 질문을 던지는 방법도 좋다.
   (즉, 문제점 제시)
(5) 연역법적 서술로 시작한다. (귀납법적 서술 X)
(6) 첫 문장은 새로워야 한다. (신선한 생각, 독창적인 표현, 독특한 주제)
(7) 은유로 시작한다.
(8) 결미와 조응해야 한다. (수미상관首尾相關)

TIP. 서두에 쓰면 안 좋은 방법

일상적인 생각 / 진부한 표현 / 평범한 주제 / 대화체 / 설명 또는 해설

장소, 시간 / 자연환경 묘사 / 결론이 다 드러나도록 (X)

d. 새로움은 시에서는 이미지의 참신함, 소설에서는 서사의 참신함에서 생긴다.

3. 수필의 '마지막 문장'
 (1) 요점을 정리를 하듯이 요약하지 말 것.
 (2) 당부하는 말로 마무리하지 말 것.
 (3) 여운만 남기는 것으로 마무리할 것.

4. 수필의 '제목'

 (1) 제목의 중요성 : 제목부터 눈에 띄지 않으면, 글을 읽지 않는 경향이 있다.

 (2) 제목을 짓는 방법
  - 가제목을 정해 놓고 글을 쓰고, 글 완성 후 제목을 확정한다.
  - 호기심, 궁금증을 자극하는 제목이 효과적이다.
    * 본문 내용이 예상되는 익숙한 단어의 제목 (X)
    * 본문 내용이 예상되지 않는 낯설고 애매한 제목 (O)
    * 젊은 감각이 돋보이는 조금 긴 문장형의 제목 (O)
  - 주제를 암시(이미지화)할 수 있는 단어를 선택한다.
    * 의미를 증폭시키는 제목 (O)
    * 수필의 첫 문장 혹은 마지막 문장에서 따온 제목 (O)
  - 글감(글의 소재)과 연관된 단어를 선택해도 괜찮다.
    * 소재, 모티브, 배경, 장소, 중심이미지를 사용한 제목 (O)
  - 감성시의 마지막 줄과 같은 제목(= **반전 있는 제목**)도 괜찮다.
  - **상식을 깨는**(상식적 단어와 충돌하는) **표현**도 효과적이다.
    예: 노을을 보다 → '노을을 읽다'
        포장마차에 가다 → '포장마차를 타다'

헌책방에 가다 → '헌책방을 읽다'

고인돌을 보다 → '고인돌을 읽는다'

5. 수필의 '소재'
(1) 특별한(신선한) 경험이어야 한다. — 일반적인 경험 (X)
(2) 창의적인 느낌이어야 한다.

TIP. 독후감과 서평
1. 독후감과 서평의 공통점과 차이점
   * '독후감' 의 구성 요소 – 책을 읽고 변화한 나의 생각을 쓴 글
     (1) 책을 읽게 된 동기
     (2) 책의 줄거리
     (3) 나의 소감

   * '서평' 의 구성 요소 – 나의 생각(독후감적 요소) + 이성적인 판단 중심
     (4) 책에 대한 비평
     (5) 책의 장단점 분석
     (6) 나의 판단

2. 서평 쓰기
(1) 초반부 : 작가의 작품 소개
    *사전조사 필요 - 작가 이력, 출판 연도(시대, 배경), 원제목 등
(2) 중반부 : 주요 내용 요약 및 발췌, 해석
    * 짧고 간략하게 (3~5가지 정도)
(3) 후반부 : 책의 총평
    * 책의 장단점(비판), 책의 의미, 책의 추천 대상 및 이유 등

제9강. 자전적 수필(기록수필)

(1) 자전적 수필과 자서전, 수기, 일기의 차이점

	자전적 수필	자서전	수기	일기
1. 공통점:	나의 이야기 (나 = 주인공 = 화자)			
2. 차이점:	다른 사람에게 보여주는 글			나만 읽는 글
3. 특징:	특정시기 자기고백중심	연대기적 기록중심	실제 체험 시련극복중심	

(2) 자전적 수필 쓰는 3단계 절차

  1) 인생 반추: 기억하기
    - 사건(경험) 기억하기
    - 관련 인물, 특정 시기, 특정 장소 기억하기
    - 소재 찾기, 일화 찾기, 구체화 하기

  2) 작성하기
    - 시놉시스(줄거리) 쓰기
    - 정밀하게 써나가기
    - 글을 객관화(일반화)해서 공감대를 만들기

  3) 퇴고하기
    - 단어, 맞춤법 검토하기 : 최적의 단어가 쓰였나?
    - 문단 검토하기 : 각 문단의 길이가 비슷한가?
                     각 문단의 호흡, 맥박의 강약이 적절한가?
    - 글의 전체와 부분 검토하기 : 주제에서 벗어나지 않았나?

- 공유 및 의견 청취하기 : 내 생각이 다른 사람에게 닿았나?
- "정답노트"와 "오답노트"로 직접 체크하기
- 퇴고의 3원칙(부가하기, 삭제하기, 구성 바꾸기)
- 오랜 시간 반복해서 퇴고 할 것(당나라 시인 백거이白居易 일화 참조)

(3) 자전적 수필(기록 수필)' 에서 글감(소재) 찾는 방법
- 고향을 방문해서 둘러보기.
- 사진, 일기 보기.
- 추억 있는 장소 방문하기.
- 지인으로부터 어릴 적 이야기 듣기.

제10강. 기행 수필

(1) 기행 수필과 기행문의 차이점

1) 글의 소재: 핵심 소재 한 가지
   cf. 기행문: 잡다한 소재 (여러 가지 이야기)

2) 글의 구성: 유의미한 풍경, 사상에 의미를 부여해서 깊게 본다.
   시간의 순행과 역행을 오고 간다.
   다양한 구성 기법 사용한다.
   cf. 기행문: * 주마간산 식으로 넓게 본다.
   * 단순한 시간 혹은 일정 순서에 따른다.
   * 단순 구성 기법을 사용한다.

3) 글의 표현: 내면(본질) 묘사 위주, 울림 있는 형식
   (드러내기보다는 감추기)
   간접적인 화법(함축적, 은유적 표현)
   cf. 기행문: 풍경 묘사 위주, 보고문 형식, 직설적인 화법

4) 글의 내용: 내부 기록(내면의 본질, 나 중심)
   cf. 기행문: 외부 기록(풍경, 타인 중심)

(2) 좋은 기행 수필이란?

1) 단순한 개인적인 여행의 기록을 넘어서야 한다.
2) 생활 언어가 아닌 문학적 언어를 사용함으로써 문학성이 인정되어야 한다.
3) 여행 중 보고 들은 것들 중에서 신선하고, 특별한 것을 소재로 삼는 능력이 있어야 한다.
4) 보이지 않는 것을 보는 눈, 볼 수 없는 것을 보는 눈을 가져야 한다.

5) 단순한 시간과 여정의 순서가 아니라, 과거 현재 미래를 넘나들어야 한다.
6) 보고 들은 것이 오늘 이 시대의 나에게 무엇을 말하고 있는가 (글의 주제)를 들을 수 있어야 한다.
7) 나만의 독창적인 생각이 나만의 글쓰기 특성으로 잘 드러나야 한다.
8) 방문한 곳의 지방색(언어, 사물)이 나타나야 한다.
9) 글에 맛(감흥: 현실감)과 멋(글의 분위기 = 글의 품격)이 있어야 한다.

예: 반숙자 [서이말 등대에서], 윤기정 [사릉에서 길을 잃다]
김양희 [압곡사 가는 길], 박기준 [누가 희곡을 썼을까],
이은희 [꽃잎별곡]

(3) 안 좋은 기행 수필의 사례
1) 일정(노정) 중심으로 쓴 글
2) 역사적인 사실, 유례 중심으로 쓴 글

제11강. 묘사의 기술 10가지

"말로 표현하려고 하지 말고, 그림 그리듯이 보여 주어라!"

(1) 오감五感을 활용하라.
   * 감각을 자극한 것(보고, 듣고, 느끼고, 맛보고, 냄새 맡은 것)을 표현하라.

(2) 역동적인 동사를 사용하라. (예: ~이다, ~있다)

(3) 구체적인 명사를 사용하라. (추상적인 표현 X)
   * 꽃 → 봄꽃 → 수선화, 민들레, 냉이꽃 等
   * 나물 → 봄나물 → 망초, 지칭개, 뿌리뱅이 等
   * 한용운의 시 → 한용운의 '님의 침묵'

(4) 인물의 행동을 작게 쪼개라.
   * 단, 별로 중요하지 않은 행동은 포괄적인 표현을 사용하라.
   * 단, 중요 장면이나 캐릭터를 강조 or 독자의 관심 유지하기 위해 불필요한 세부사항을 생략해서 표현하는 것도 좋다.

(5) 비유(은유, 직유)를 사용하라. ← '시적 수필'
   * 비유는 그 인물의 배경(직업, 성격 等)과 연결된다.
   * 상투적인 표현이 될 우려가 있으니, 머릿속에 맨 처음 떠오르는 비유는 사용하지 않는 게 좋다.

(6) 그 장면이 실시간으로 떠오르도록 써야 한다.
   * 실제 경험에 의한 묘사를 하라. (사실감, 생동감 → 공감 유발)
   * 이미 일어난 일을 단순히 요약하는 것 (X)
   * 독자들이 현재 상황을 직접 목격하는 것처럼 느끼게 써야 한다.

(7) 대화체를 활용하라. (- '희곡적 수필'
  * 구어체를 사용한다. (문어체 X)
  * 표준어 사용을 원칙으로 하되, 사투리나 은어를 섞어 쓰기도 한다.

(8) 내적 독백을 사용하라.

(9) 인물의 행동과 반응에 초점을 맞추어라.

(10) 균형 잡힌 묘사를 하라. (과도한 묘사 X, 부족한 묘사 X)

제12강. 최근 신춘문예 수필의 특징

* 인간의 삶과 객관적인 상관물을 유비(類比)한 작품
  객관적 상관물을 내세워 인간의 삶에 빗대어 표현한 작품

  〈예〉 김서연 [움쑥] : 가을 쑥 – 2024년 전북일보
       권상연 [외눈] : 시각장애 어머니 – 2024년 전라매일
       마혜경 [삶의 최소단위, 숟가락] : 밥 – 2025년 매일신문

〈첨언〉 유비(類比) : 유사한 성질이나 관계로 미루어 추리(병행적인 결부)하는 방법

* 시네틱스적 Synectics 구성
  상관없을 것 같은 사물을 연결시켜서 새로운 진실을 통찰해 내는 기법

* 로만 야콥슨의 언술 구조의 원리 활용
  - 선택의 축: 유사성의 원리인 은유에 의한 결부
  - 결합의 축: 인접성의 원리인 환유에 의한 결부

  〈예〉 이은숙 [수탉의 도전]
        – 유사성의 축: 수탉 = 딸
        – 인접성의 축: 갇힌 생활 => 탈출(도전) => 활기 넘치는 생활
       황진숙 [풀무] : 풀무 = 어머니
       이만수 [태좌] : 참외, 고추의 태좌 => 언행일치에서 어긋난 삶

Ⅴ 용어 설명
  - 은유법 : 대상을 다른 대상에 빗대어 표현하는 방법 (A=B이다)
  - 환유법 : 대상과 밀접한 관련이 있는 다른 낱말을 빌려와 그 대상을 표현(비유)하는 방법

〈첨언〉 개인적인 의견

유비한 작품이 높은 철학성과 문학성을 지닌 까닭에 (평론가, 혹은 공모전 심사위원으로부터) 좋은 작품으로 인정받는 경향이 뚜렷하지만, 이런 시대적 흐름에 맞춰 지나치게 한 쪽 방향으로만 치우친 작품들이 작가들에 의해 쓰이는 것은 바람직하지 않은 모습인 것 같습니다.

수필에는 실로 다양한 주제와 종류가 있고, 각각은 그 자체만으로 우열이 있다고 할 수 없겠습니다. 작가들이 여러 종류의 수필 작품을 씀으로써 수필의 다양성을 확장시켜 나가고, 누구보다 곁에 있는 독자들에게 보다 더 친숙한 수필 작품으로 다가가 많이 읽히는 작품이 되기를 기대합니다.

제13강. 주석 – 좋은 말 (순수 한글) 뜻풀이

1. 게정대다 : 불평을 품은 말과 행동을 자꾸 하다.
2. 애옥살이(애옥살림) : 가난에 쪼들려서 애를 써 가며 사는 살림살이.
3. 두남두다 : 애착을 가지고 돌보다.
4. 모착하다 : 아래 위를 자른 듯 짤막하고 통통하다.
5. 잔약孱弱하다 : 가냘프고 약하다.
6. 해름참 : '해거름(해 질 녘)'의 방언.
7. 깔밋하다 : 아담하고 깔끔하다.
8. 군입정 거리 : 군입질로 먹는 음식.
9. 우화羽化 : 번데기가 날개 있는 성충이 됨.
10. 눈엽嫩葉 : 새로 나온 연한 잎
11. 잡도리 : 단단히 대책을 세움. 잘못되지 않도록 엄히 다룸.
12. 손방 : 아주 할 줄 모르는 솜씨.
13. 잔재비 : 자질구레한 일을 아주 잘하는 손재주.
14. 스스럽다 : 친분이 그리 두텁지 못하여 조심스럽다.
15. 열적다 : 열없다.(겸연쩍고 쑥스럽다.)
16. 귀꿈맞다 : 전혀 어울리지 않고 촌스럽다.
17. 척척戚戚하다 : 사귀어 지내는 사이가 매우 가깝다.
18. 걱실걱실하다 : 말이나 행동이 시원시원하다.
19. 슴벅슴벅하다 : 눈꺼풀이 움직이며 눈이 감겼다 떠졌다 하다.
20. 오사바사하다 : 재미나게 얘기하거나 사근사근하다.
21. 발라맞추다 : 말이나 행동을 남의 비위에 맞게 하다.
22. 듬쑥하다 : 분량이나 수효가 매우 넉넉하다.
23. 맨드리 : 옷을 입고 매만진 맵시.
24. 흘근거리다 : 몹시 느릿하게 걷거나 행동하다.
25. 얼렁수 : 얼렁뚱땅 교묘하게 남을 속이는 수단.
26. 지지하다 : 시시하고 지루하다.
27. 갓밝이 : 날이 막 샐 무렵.

28. 숨비소리 : 해녀가 잠수했다가 물에 떠오를 때, 숨을 내뱉는 소리.
29. 자울자울 : 잠이 들 듯 말 듯하여 몸을 앞으로 숙였다 들었다 하는 모양.
30. 감때사납다 : 매우 험상궂고 사납다.
31. 옴나위없다 : 어찌할 도리가 없다.
32. 샐녘 : 날이 샐 무렵
33. 꽃잠 : 깊이 든 잠 = 귀잠
34. 발바씸 : 어떤 일을 하고 싶어서 안절부절 못하고 들먹거리며 애쓰는 짓.
35. 햇귀 : 사방으로 뻗는 햇살.
36. 이소離巢 : 아기 새가 자라 둥지를 떠나는 것.
37. 유비類比하다 : 서로 비슷한 것을 비교해 하나의 사물에서 다른 사물로 추론하다.
38. 군입질: 끼니를 제대로 못 먹어 굶주린 입을 다른 간단한 음식으로 대체하는 것.
39. 꽃발 : '까치발'의 방언(전라도)
40. 멍석잠 : 너무 피곤하여 아무데서나 쓰러져 자는 잠.
41. 거멓빛 : 아주 짙게 검붉은 빛.
42. 아슴아슴 : 정신이 흐릿하고 몽롱한 모양.
43. 물두멍 : 물을 길어 붓고 쓰는 큰 가마나 독.
44. 무연하다 : 아득하게 너르다.
45. 노느매기 : 여러 몫으로 갈라 나누는 일 또는 그렇게 나누어진 몫.
46. 부림소 : 짐을 운반하거나 밭을 갈기 위하여 기르는 소.
47. 수격수격 : 말없이 꾸준하게 일하거나 순종하는 모양.
48. 뽀작거리다 : 어린아이처럼 귀엽게 행동하다.
49. 너테 : 얼음 위에 다시 물이 얼어서 여러 겹으로 이루어진 얼음.
50. 눈석임물 : 쌓인 눈이 녹아서 흐르는 물.
51. 구메구메 : 남모르게 틈틈이
52. 동살 : 새벽에 동이 틀 때 비치는 햇살

53. 옴시레기 : '온전히, 고스란히'의 옛말.
54. 꼭두 : 목우木偶- 상여의 부속물로 인물상, 동물과 식물의 형상으로 만들어져 있다.
55. 노대바람 : 나무가 뽑힐 정도로 강한 바람.
56. 자늑자늑 : 움직임 따위가 가볍고 부드러우며 차분한 모양.
57. 구뜰하다 : 변변하지 않은 음식의 맛이 제법 구수하여 먹을 만하다.
58. 달보드레하다 : 약간 달콤하다.
59. 조리차하다 : 알뜰하게 아껴 쓰다.
60. 난야蘭若 : 아란야 촌락에서 떨어져 있어 수행하기에 알맞은 조용한 곳. 절.
61. 드레드레 : 물건이 많이 매달려 있거나 늘어져 있는 모양.
62. 더께 : 오래된 물건에 겹겹이 앉은 거친 때.
63. 끌밋하다 : 모양이나 차림새가 매우 깨끗하고 훤칠하다.
64. 가녘스럽다 : 어렵고 가난해 보여서 안쓰럽게 느껴지는 데가 있다.
65. 잠포록하다 : 날이 흐리고 바람기가 없다.
66. 탁란托卵 : 새가 다른 종류의 새집에 알을 낳아 대신 품어 기르도록 하는 일.
67. 질곡: 옛 형구인 차꼬와 수갑. 몹시 속박하여 자유를 가질 수 없는 고통의 상태.
68. 배태 : 어떤 현상이나 사물이 발생할 원인을 속으로 가짐.
69. 삽상하다 : 옷매무새가 가볍고 단출하다.
70. 박눌하다 : 됨됨이가 수수하고 말이 없다.
71. 거쿨지다 : 시원시원하고 씩씩하다.
72. 잠포록하다 : 날이 흐리고 바람기가 없다.
73. 몬존하다 : 얌전하고 차분하다.
74. 분분하다 : 떠들썩하고 뒤숭숭하다.
75. 가뭇없다 : 눈에 띄지 않게 감쪽같다.
76. 곰살맞다 : 몹시 부드럽고 친절하다.
77. 해설프다 : 햇살이 설핏한 상태에 있다.

78. 아리잠직하다 : 키가 자그마하고 얌전하며 어린 티가 있다.
79. 여짓거리다 : 무슨 말을 할 듯 말 듯 자꾸 머뭇거리다.
80. 주억거리다 : 고개를 앞뒤로 천천히 끄덕거리다.
81. 핍진하다 : 사정이나 표현이 진실하여 거짓이 없다.
82. 무람없다 : 예의를 지키지 않으며 삼가고 조심하는 것이 없다.
83. 조야粗野하다 : 천하고 상스럽다. / 물건 따위가 거칠고 막되다.
84. 밭다 : 숨이 가쁘고 급하다. / 가깝다, 짧다 / 살이 빠져서 여위다.
85. 연연娟娟하다 : 아름답고 예쁘다.
86. 흔흔欣欣하다 : 매우 기쁘고 만족스럽다.
87. 졸연하다 : 어떤 일의 상태가 갑작스럽다.
88. 여북하다 : 정도가 매우 심하거나 상황이 좋지 않다.
89. 벙벙하다 : 어리둥절하여 얼빠진 사람처럼 멍하다.
90. 깨박을 치다 : 걸려 넘어져 머리에 이고 있거나 들고 있던 것을 내동댕이치다.
91. 포롱거리다 : 작은 새가 날아오르는 모양
92. 삿邪되다 : 보기에 하는 행동이 바르지 못하고 나쁘다.
93. 두두룩하다 : 가운데가 솟아서 불룩하다.
94. 살근살근 : 물체가 서로 맞닿아 매우 가깝게 자꾸 비벼대는 모양.
95. 사분거리다 : 살짝살짝 우스운 소리를 해 가면서 자꾸 성가시게 굴다.
96. 비사치다 : 직설적으로 말하지 않고 에둘러 말하여 은근하게 깨우치다.
97. 개부심 : 장마로 큰물이 난 뒤, 한동안 쉬었다가 다시 퍼붓는 비.
98. 잠비 : 여름에 비가 오면 일을 잠시 쉬고 잠을 잔다하여 여름비를 이르는 말.
99. 발비 : 빗발이 보이도록 굵게 내리는 비.
100. 괴다 : 특별히 귀여워하고 사랑하다.
101. 얼우다 : 사랑하다.
102. 시저리 : 철없이 때 이르게 피는 꽃.
103. 절차탁마切磋琢磨 : 부지런히 학문과 덕행을 닦음을 이르는 말.

104. 가행정진加行精進 : 용맹한 자세로 근면 자책하여 과업에로 매진하는 노력.

105. 달뜨다 : 조금 흥분하다.

106. 일미칠근一米七斤 : '쌀 한 톨에 일곱 근의 땀이 배어 있다.'는 뜻으로, 곡식을 키우는 농부의 정성을 나타내는 말.

107. 낙목한천落木寒天 : 나뭇잎이 다 떨어지는 춥고 쓸쓸한 겨울.

108. 얼쑹하다 : 그런 것 같기도 하고 그렇지 않은 것 같기도 하여 분간하기 어렵다.

109. 변죽 : 가장자리.

110. 검부러기 : 검불의 부스러기.

111. 엉버틈하다 : 커다랗게 떡 벌어져 있다.

112. 해찰궂다 : 일에는 마음을 두지 아니하여 쓸데없는 다른 짓을 하는 버릇이 있다.

113. 마름질 : 옷감이나 재목 따위를 치수에 맞도록 재거나 자르는 일.

114. 줄탁동기 : 알껍데기를 깨기 위해서는 알 안의 새끼와 밖의 어미가 함께 쪼아야 한다는 뜻으로, 어떤 일을 이루려면 협력해야 한다는 의미.

115. 가만바람 : 약하게 소리 없이 부는 바람.

116. 서그럽다 : 마음이 너그럽고 서글서글하다.

117. 파사현정破邪顯正 : 그릇됨을 버리고 올바름을 향한다.

118. 자늑자늑 : 동작이 조용하며 가볍고 진득하게 부드럽고 가벼운 모양.

119. 아래뜸 : 아래쪽에 위치한 마을.

120. 푸나무 : 풀과 나무를 아울러 이르는 말.

121. 개미지다 : 깊은 맛이 나다.(전라도 방언)

122. 는개 : 안개비보다는 조금 굵고 이슬비보다는 가는 비.

123. 자닝하다 : 애처롭고 불쌍하여 차마 보기 어렵다.

124. 새뜻하다 : 새롭고 산뜻하다.

125. 눋내 : 밥 따위가 눌을 때 나는 냄새.

126. 에두르다 : 에워서 둘러막다.

127. 능놀다 : 쉬며 가며 천천히 일을 하다.
128. 뒤설레다 : 몹시 설레다.
129. 앙당하다 : 모양이 어울리지 않게 작다.
130. 순둥순둥 : 까다롭거나 모나지 않아 원만한 모양.
131. 골마지 : 간장, 된장, 술 따위 음식물 겉면에 생기는 곰팡이 같은 물질.
132. 두상화頭狀花 : 꽃대 끝에 많은 꽃이 뭉쳐 붙어서 머리 모양을 한 꽃.
133. 두두룩하다 : 가운데가 솟아서 불룩하다.
134. 상되다 : 말이나 행동에 예의가 없어 보기에 천하다.
135. 검기울다 : 검은 구름이 퍼져서 해가 가려지고 날이 차차 어두워지다.
136. 안돌이 : 험한 벼랑길에서 바위 같은 것을 안고 겨우 돌아가게 된 곳.
137. 차갈하다 : 문을 굳게 닫아 잠가 두다.
138. 겨끔내기로 : 서로 번갈아
139. 사분거리다 : 가만가만 가볍게 행동하거나 지껄이다.
140. 흐벅지다 : 탐스럽게 두툼하고 부드럽다.
141. 불풍나다 : 매우 잦고도 바쁘다.
142. 저릿하다 : 좀 저린 듯하다.
143. 너울가지 : 붙임성이나 포용성.
144. 조붓하다 : 조금 좁은 듯하다.
145. 마뜩하다 : (사람이 무엇이)제법 마음에 들어 좋다.
146. 숙수그레하다 : 조금 굵은 여러 개의 물건이 크기가 거의 고르다.
147. 반지빠르다 : 말이나 행동이 어수룩한 맛이 없이 얄미울 정도로 약삭빠르다.
148. 귀살스럽다 : 마구 얼크러져 정신이 뒤숭숭하거나 산란한 느낌이 있다.
149. 갈맷빛 : 짙은 초록빛
150. 도저到底하다 : 아주 곧아서 빗나감이 없다.
    '그래 도저' : '그래도 빗나감 없이'의 줄임말.

특강(2) : 수필 이론 (독자를 위한 수필 감상)

"우리는 수필을 왜 읽어야 하는가?"

(1) 수필은 따뜻한 글이므로, 수필을 읽음으로써 **행복**해질 수 있기 때문이다.

(2) 수필에는 작가의 진솔한 삶이 들어있으므로 **감동**을 받을 수 있기 때문이다.
　＊수필은 작가 개인의 특별한 경험과 그에 대한 생각을 문학적인 방법으로 기술한 글이지만, 그 안에는 모두가 공감할 수 있는 보편성이 들어있다.

(3) 수필은 작가의 성숙한 사유와 생각을 바탕으로 쓰인 글이므로, 수필을 읽음으로써 **내적 성숙**을 도모할 수 있기 때문이다.
　＊수필은 작가의 사물(사실)에 대한 깊은 통찰과 자기반성, 내면의 깊은 성찰을 기본바탕으로 쓰인 글이기 때문에, 그것을 읽음으로써 작가의 경험과 생각을 타산지석他山之石 삼아 나를 돌아볼 수 있다.

(4) 수필은 겸손한 태도로 써 나간 글이므로, 수필을 읽음으로써 겸손해질 수 있기 때문이다.

(5) 수필은 주변에서 흔하게 볼 수 있는 일상적인 소재(경험, 사물)에서 특별한 의미를 찾아내는 글이므로, 수필을 읽음으로써 일상의 사소한 것들을 소홀히 여기지 않고, **섬세하고 주의 깊게 사고하는 능력**을 키울 수 있기 때문이다.

특강(3) : 한국 수필가와 주요 작품 소개

1. 고전 수필
 1) 현존하는 가장 오래된 수필: 신라시대 혜초[왕오천축국전]-
    인도 여행기
    cf. 남송의 홍매(1123~1202)[용재수필]
 2) 잡기, 야록, 야담 등 이름의 고전산문: 작가미상[청구야담]
 3) 한문 수필: 고려시대 이규보(1168~1241)[이옥설],
    이제현(1288~1367)[역옹패설]
 4) 여성 수필: 조선시대
    의령남씨(1769년)[의유당 관북유람일기]- 기행수필
    작가미상[계축일기(서궁록)]- 인목왕후 나인의 궁중수필
    혜경궁 홍씨[한중록]- 저전적 궁중수필
    유씨부인[조침문]- 바늘 의인화한 수필
    작가미상[인현왕후전]- 인현왕후 시대 궁녀의 수기
 5) 박지원(1780년):[열하일기/'일신수필']- 청나라 여행기

2. 현대 수필
 - 김진섭(1903~ ?)// 인생예찬 / 우송雨頌 / 백설부白雪賦
   → "한국수필의 아버지"
 - 피천득(1904~2007)// 인연 / 수필 / 나의 사랑하는 생활
   → "한국의 대표적 수필가"
 - 이양하(1904~1963)// 신록예찬 / 나무
 - 민태원(1894~1934)// 청춘예찬
 - 양주동(1903~1977)문학박사// 질화로
 - 이효석(1907~1942)소설가// 낙엽을 대우면서
 - 김소운(1907~1981)// 선의의 불씨 / 창원 장날 / 도마소리 / 외투
 - 강소천(1915~1963)// 세월
 - 계용묵(1904~1961)// 동정 / 구두
 - 목성균(1938~2004)// 소년병

- 법　정(1932~2010)스님// 무소유
- 안병욱(1920~2013)// 얼굴 / 행복의 메타포 / 거울
- 박문하(1918~1975)// 약손 / 어떤 왕진
- 윤오영(1907~1976)// 방망이 깎던 노인 / 부끄러움 / 참새 / 달밤
- 전혜린(1934~1965)// 회색의 포도와 레몬빛 가스등 / 목마른 계절
- 유안진(1941~)// 지란지교를 꿈꾸며 / 푸른 하늘을 머리에 이고
- 이향아(1938~)// 가을로 가는 열차 / 가을에 죽고 싶다
- 신달자(1943~)소설가// 저기 그의 집이 있다
- 공지영(1963~)소설가// 빗방울처럼 나는 혼자였다
- 박완서(1931~2011)소설가// 못 가본 길이 더 아름답다
- 손광성(1935~)// 두 번째 서른살 / 아름다운 소리들
- 김　훈(1948~)소설가// 허송세월 / 목수
- 반숙자(1938~)// 서이말 등대에서
- 김수현(1943~)극작가// 소용돌이 이는 강 / 균형을 찾기로 했습니다
- 장영희(1952~2009)// 우동 한 그릇 / 엄마의 눈물 / 괜찮아
- 노희경 극작가// 지금 사랑하지 않는 자, 모두 유죄 / 아픔의 기억
  은 많을수록 좋다
- 김나비// 기억을 토렴하다
- 김보성// 꽃불佛
- 김영미// 고인돌을 읽는다
- 박금아// 달팽이의 꿈
- 김애자// 삶을 각설하다
- 윤미영// 탁설, 공空을 깨우다
- 김이랑// 헌책방을 읽다
- 이치운// 용골龍骨
- 복진세// 막사발의 철학
- 김희숙// 쪽항아리
- 지영미// 골죽
- 정목일// 막고굴에서의 깨달음 / 풀밭
- 강　천// 탈각 / 똥바가지 쌀바가지
- 김길웅// 나이테 2

- **최민자**// 길 / 새와 실존 / 거미
- 김서연// 움쑥
- 현경미// 등의 방정식
- 권현옥// 너머
- 이재은// 덤
- 문육자// 소사나무, 잎 진 자리
- 김인선// 몸으로 글을 씁니다만
- 노정희// 촉
- 권상연// 외눈 / 굇나무
- 현 미// 항아리
- 신경희// 씨, 내포하다
- 이영미// 빨래를 널며
- 문경희// 끝을 읽다
- 김경숙// 인쇄용지의 결
- 복진세// 막사발의 철학
- 이강순// 너를 읽고
- 윤경화// 송이버섯 값 / 별
- 신일수// 겨울 연지에서
- 이정미// 가을 말미에서 보내온 편지
- 현경미// 등의 방정식
- 김정태// 바람소리
- 김만년// 노을을 읽다
- 장금식// 물 때
- **최원현**// 햇빛 마시기 / 고자바리
- 박은실// 속앳깃 / 감기라도 걸리지
- 여세주// 돌담 / 잡초론
- 이명옥// 바지랑대
- 이현영// 국수 이야기
- 황진숙// 풀무
- 허숙영// 화로
- **유용주**// 아름다운 것은 독한 뱁이여 / 아니 갈 수 없는 길

- 권담희// 어떤 체위 / 무엇에 쓰는 물건이었을꼬
- 이민옥// 사랑은 호박돌을 타고 / 막내 아니었으믄 우짤 뻔 했노 / 척
- 안희옥// 청에 젖다 / 마디 / 그 골목의 필경사들
- 제은숙// 어탁語拓 / 물의 뿌리 / 시간에 시간을 기대어
- 최지안// 비로소 나는 누군가의 저녁이 되었다
- 심선경// 포장마차를 타다 / 경찰서 앞 횡단보도
- 이은서// 슴베를 품다 / 수문지기의 열쇠
- 장미숙// 현장 / 새벽 / 허공을 밟다 / 낡은 의자 하나
- 조이섭// 몽돌이 부르는 노래 / 꽃잎과 나뭇잎의 환
- 이방주// 보리누름에 / 벼꽃, 밥꽃 하나 피었네
- 강현자// 수제비로 끓어나는 화和 / 시래기
- 정혜령// 때로는 멜로 영화처럼 살고 싶다
- 신경희// 첫정
- 박기준// 누가 희곡을 썼을까
- 이재은// 간호사의 기도

특강(4) : 'K-수필(한국 수필)'의 특징

1. 독특한 한국적 정서 — "가장 한국적인 정서가 가장 세계적이다"
   - 섬세하고 뛰어난 감수성
   - 한恨과 흥興이 공존하는 시대
   - 범종교적 정서

2. 한글만의 섬세한 표현력 — "'아' 다르고 '어' 다른 한국어"
   - 한글의 구체적이고 미세한 표현력
   - 지역어(사투리)와 표준어가 공존하는 시대
   - 과거어(사어死語)와 현대어가 공존하는 시대
   - 글말(문어체)와 입말(구어체)가 공존하는 시대

3. 애愛 — "개인적인듯 집단적인 사고"
   - 자기애
   - 부모 자식 간의 사랑, 우정, 연인 간의 사랑
     조국애, 민족애, 인류애
     자연 사랑

가을엔

가을엔 따사로운 마음 갖자
아침이슬 추위에 성급히 떨지 않게

가을엔 겸허하고 성스러운 마음 갖자
지는 잎새 서글퍼 서글퍼서 자꾸자꾸 뒤돌아보지 않게

가을엔 가난하고도 배부른 마음 갖자
영근 알갱이 죄다 내어주는 논의 벼 이삭처럼

가을엔 끌밋하니 자애로운 엄마의 마음 갖자
주렁주렁 매달려 조쌀한 미소 짓는 담장 옆 홍시처럼

그렇게, 그렇게

가을엔 거적때기 하나 남기지 말고 주자
가는 계절 너나없이 모두가 그랬던 것처럼
지난 계절 하나같이 그런 삶 살아온 것처럼

가을엔 빛바랜 낮은 언덕배기 걸어올라
고슬고슬 잘 마른 땅, 햇살 잘 드는 곳 골라
맑고 푸른 영혼 씨앗으로 묻고
떠나자

노을이 붉게 물들어 너른 바다 품에 안기듯
바람이 댓잎 흔들어 사그랑사그랑 무심하게 지나가듯
지는 해가 저 너머 모든 세상 말없이 바라보듯

그렇게
그렇게

가을엔
한없이 그렇게, 숭고하게

| 낭송시 |

어느 시골 교회와 한 소녀 이야기

한 소녀가 있네

성글게 자란 대숲에는 이른 아침 댓바람 일고
언덕진 마을 어귀 한 그루 붉은 느티나무
치렁치렁
치렁치렁 잔가지 늘어뜨려 또랑까지 닿았는데

여느 집 담장마다 설익은 감똑
툭툭!
떨어져, 집 잃은 강아지 발밑에 짓이기고
울타리 너머 무겁게 달린 맷돌호박
누런 흙빛, 그 참혹한 섬광 번뜩이며
잘도 익어가는
가을

물 찬 논
옹글게 익어 알알이 꽉 찬 낟알
말없이 바라보다
한여름 말없이 소담스레 앉아있던 할미꽃
그 꽃 진 자리 불현듯 일어나 찾는
한 소녀가 있네

저 논 한 귀퉁이 돌아들자
할미꽃 풍성한 푸른 무덤 닿을 때까지

주렁주렁 달린 이삭
사방팔방 흐트러진 논에, 꺾인 허리 일으켜 세워
휘이 휘이 참새 떼 쫓던 낯익은 손
맞잡을 때까지

불 꺼진 첨탑에는
그날처럼 덩그마니 홀로 십자가 세워져 있고
어디서 시작된 바람인지 근원 잊은
가을바람
그 바람 같은 세월만 한 무더기
사르랑사르랑 풀밭 위를 스치우고 지나가는데

새벽 예배의 시작을 알리는
어느 시골 교회의 낯익은 종소리
댕댕 댕 댕
온 산 가득 매운 무덤 한 바퀴 휘돌아와
언덕진 마을 어귀 붉은 나무 허리춤 그러안고
슬피 운다

이는 댓잎 아련하게 바라보다
떨어진 감똑 하나 둘 공손하게 두 손에 올려 담다
누렇게 잘 익은 벼 이삭 앙금앙금 깨물다

불현듯 떠오르는 생각 있어
잊지 못해 생각나는 사람 있어
차마 잊히지 않는 한 사랑 있어
그 자리에 무릎 꿇고
기도하는

기도하다
기도하다
이내 눈물 훔치는 한 소녀가 있네

지금 여기
언덕진 어느 시골 교회
찾아와 울고 있는 한 소녀가 있네

〈시 해석〉

 이 시는 시골의 한 소녀가 삶의 무게를 지고 교회를 찾는 모습을 통해, 힘든 현실 속에서도 희망을 놓지 않는 인간의 마음을 보여준다. 소녀는 가을바람에 흔들리는 나무처럼 연약하고 떨어져 흙바닥에 구르는 감처럼 외로운 존재이지만, 새벽을 깨우는 종소리에 이끌려 교회에 들어서는 순간 무릎을 꿇고 기도하고, 어릴 적 함께 했던 할머니를 생각하면서 눈물로 위로를 얻는다.

 결국 이 시는 삶의 고단함 속에서도 참사랑과 기도를 통해 희망을 길어 올리는 소녀의 내면적 서정을 따뜻하게 그리고 있다.

~ by Chat GPT